Traumziel Berufsausstieg

Dr. Frank Fiedler
Hans-Peter Banse

Traumziel Berufsausstieg

Finanzielle Unabhängigkeit richtig planen

vgs

Die Berichte und Informationen in diesem Buch sind von Autoren und Verlag nach bestem Wissen und Gewissen sorgfältig erwogen und recherchiert. Autoren und Verlag übernehmen jedoch keine Haftung für etwaige Schäden, die sich aus Gebrauch oder Missbrauch der in diesem Buch aufgeführten Informationen ergeben.

Die Deutsche Bibliothek – CIP-Einheitsaufnahme

Fiedler, Frank:
Traumziel Berufsausstieg : finanzielle Unabhängigkeit richtig planen / Frank Fiedler ; Hans-Peter Banse. – Köln : vgs, 2000
ISBN 3-8025-1434-3

Redaktion: Stefanie Koch
Lektorat: Joachim Axler, Düsseldorf
Produktion: Annette Hillig
Umschlagfoto: Image Bank/Frank Whitney
Umschlaggestaltung und Layout: Christa Marek, Köln
Satz: Greiner & Reichel, Köln
Druck: Pustet, Regensburg
Printed in Germany
ISBN 3-8025-1434-3

Besuchen Sie uns unter www.vgs.de

Vorwort

Der ersten Verwunderung folgte der Aha-Effekt

In vielen Gesprächen mit Arbeitskollegen und Bekannten zeichnete sich ein Wunsch immer deutlicher ab: die möglichst frühzeitige Beendigung der Berufstätigkeit, bevor das gesetzliche Rentenalter erreicht wird. Die Zahl der Personen, die so früh wie möglich ein Ende ihres abhängigen Beschäftigungsverhältnisses anstrebten, ist dabei von Jahr zu Jahr gestiegen. Schließlich ist der Kreis der Interessierten so groß geworden, dass wir uns entschlossen haben, ein Buch mit Lösungsvorschlägen darüber zu schreiben.

In den Gesprächen wurden bereits erste Möglichkeiten zur Einschränkung der Berufstätigkeit angedacht – etwa die Altersteilzeit oder das »Sabbatjahr« als befristete Lösung. Eine Alternative wurde allerdings selten genannt: die Beendigung der Berufstätigkeit innerhalb eines überschaubaren Zeitraums und zu einem Lebenszeitpunkt, zu dem man noch über ausreichende physische und psychische Kräfte verfügt – mit 50 Jahren. Als wir diesen Punkt in die Diskussion einbrachten, machte sich zunächst eine große Verwunderung breit, denn schließlich nahmen an den Gesprächsrunden überwiegend Personen teil, die zu den Durchschnittsverdienern gehörten. Außerdem waren kritische Argumente zu hören: »Ich muss doch noch zehn Jahre weiterarbeiten, um die Rente in voller Höhe zu erhalten.« Aber – lohnt sich das Warten auf eine immer niedrigere Rente überhaupt? Im Buchinhalt wird darauf eine Antwort gegeben.

Die nächste Frage stellte sich im Zusammenhang mit dem erforderlichen Endkapital, von dessen Zinsen der 50-Jährige primär seinen Lebensunterhalt bestreitet. Das zu erzielende Endkapital erschien zu hoch, gar nicht realisierbar. Statements wie »Dazu bin ich finanziell gar nicht in der Lage« oder »Das ist nur etwas für Reiche« bildeten den Meinungsschwerpunkt. Nach umfangreichen Recherchen resultierte eine Modell-Haushaltsrechnung, die bei den Gesprächspartnern zunächst Verwunderung und dann einen Aha-Effekt auslöste. Schon bald lautete das erfreuliche Fazit: Ja, es geht! Unglaublich – aber wahr. Eines steht fest: Die Voraussetzungen auf der Einnahmeseite der Modell-Haushaltsrechnung sind für viele Familien oder Singles gegeben. Und betrachtet man die Ausgabeseite, werden eine Vielzahl von Kosteneinsparpotenzialen sichtbar. Dabei kommt es weniger auf die vielen kleinen Kostenpositionen an als vielmehr auf die größeren finanziellen Kraftakte. Sie sind von elementarer Bedeutung für das Überschreiten der Ziellinie. Es lassen sich mehrere Verhaltensebenen optimal gestalten, damit Sie mit 50 tatsächlich den Berufsausstieg vornehmen können:

- Das Finanzverhalten leistet einen wichtigen Beitrag; ferner ist
- das Arbeits- und Sozialverhalten von Bedeutung und schließlich ist
- dem Konsum- und Sparverhalten ein hoher Stellenwert einzuräumen.

Ausschlaggebend ist der richtige Mix der oben aufgeführten drei Verhaltensebenen. Daher werden im Rahmen des Buches nicht nur Einzelaspekte wie die optimale Geldanlage, ein angemessener Lifestyle oder die Problematik des übertriebenen Statuskonsums angeschnitten, sondern es wird der Versuch unternommen, Ihnen ein schlüssiges Gesamtkonzept im Sinne einer Work-Life-Balance zu präsentieren.

Der Inhalt des Buches wird sicherlich vom »Faktor Geld« ganz entscheidend beeinflusst. Dennoch sollte dies nicht dazu führen, alle Bemühungen allein auf den Vermögensaufbau zu konzentrieren. Es sind daher auch keine monetären Glaubenssätze eines Gurus aufgestellt worden, die Sie auf das Ziel einschwören sollen. Vielmehr wird Ihnen in bestimmten Situationen das maßgebende Entscheidungsfeld aufgezeigt.

Die faszinierende Welt des Floating

Beim Erreichen der neuen, berufsfreien Lebensphase – wir nennen sie Floating Time (engl. to float: wechseln) – werden Sie die Türen weit aufstoßen, um sich in verstärktem Ausmaß wieder selbstbestimmten Inhalten widmen zu können. Sie lösen die Knebel eines abhängigen Beschäftigungsverhältnisses und realisieren fortan Ihre eigenen Ideen. Ihre Chancen zur Selbstverwirklichung steigen. Die so genannten Floater lernen neue Menschen kennen und schöpfen die Faszination, die ihnen die ganze Welt bietet, besser aus. In ihrem Lebensstil werden sich sowohl ein mediterranes Lebensgefühl als auch ein gesundes Maß an »deutscher« Einschränkung widerspiegeln. Der Abwechslungsreichtum wirkt sich auch auf ihr Selbstvertrauen positiv aus. Und ihre Psyche wird von Geldsorgen weniger belastet. Aber es sei deutlich betont: Geld ist nicht alles. Erst der Einklang Ihres selbst gewählten Lebensentwurfs mit Ihrer Familie, mit Ihren Bekannten und Arbeitskollegen sowie mit der Gesellschaft wird zu einer umfassenden Harmonie führen. Sie gehören dann zu den motivierten Floatern, die in der Lage sind, zwischen den verschiedenen Lebensinhalten zu wechseln. Übrigens wird der Begriff Floater sowohl für Männer als auch für Frauen verwendet. Er ist insoweit »geschlechtsneutral«.

Ein Missverständnis soll gleich zu Beginn ausgeräumt werden. Der ausgeprägte Wunsch des Floaters, seinen Berufsausstieg im Alter von 50 Jahren zu realisieren, soll nicht zu dem Fehlschluss führen, er sei ein Müßiggänger oder Faulenzer. Ganz im Gegenteil. Er zählt bis zu diesem Zeitpunkt zu den beruflich Engagiertesten: Das Buch ist somit kein Plädoyer für ein Easy Living. Eher steckt darin ein Appell an die Unternehmensleitungen, ihren Mitarbeitern eine ausgewogene Balance zwischen Berufs- und Arbeitsleben zu ermöglichen, damit diese eine bestmögliche Arbeitsleistung erbringen können. In diesem Zusammenhang ist auch eine Abgrenzung von Bedeutung: Im Gegensatz zum Aussteiger verneint der Floater die existierende Berufswelt nicht. Er möchte nur nicht bis zu seinem Rentenalter abhängig beschäftigt sein, sondern vielmehr ab 50 eigenbestimmten Inhalten nachgehen.

Hinweisen möchten wir auch darauf, dass in diesem Buch keine Aspekte von kurzfristiger Gültigkeit oder Aktualität, z. B. einzelne Aktientipps, gegeben werden, die eine Woche oder einen Tag später ohnehin wieder zu aktualisieren wären. Stattdessen stehen grundsätzliche Anlageentscheidungen im Vordergrund, deren Feinabstimmung mit aktuellen Medien wie Fachzeitschriften, Fernsehen oder Internet erfolgen kann. Dies entspricht auch den Intentionen der Leser dieses Buches, die ein langfristiges Ziel verfolgen und nach einem Handlungsrahmen für diesen Zeitraum suchen. Erst eine schlüssige Strategie, die mit Konsequenz verfolgt wird, sichert den Erfolg. Kurzatmigkeit dagegen macht orientierungslos und bewirkt, dass man das große Ziel der Floating Time aus den Augen verliert.

Die Autoren hoffen, Ihnen viele brauchbare Hinweise auf dem Weg zur Floating Time geben zu können, und wünschen Ihnen viel Erfolg!

Gründe für den Berufsausstieg

Berufstätige werden sich in den nächsten Jahren weiterhin auf eine steigende Wirtschaftsdynamik einzustellen haben. Neue Märkte und Technolgien kommen und gehen in nie da gewesenem Tempo. Der Druck, Neues zu lernen, ist immens und fällt gerade den Älteren immer schwerer. Zudem sind Fusionen mit ungewissen Auswirkungen für den eigenen Arbeitsplatz an der Tagesordnung.

Die zunehmende Flexibilisierung des Arbeitseinsatzes und das »Herumschieben« von Arbeitnehmern innerhalb des Gesamtunternehmens tragen mit zur Unzufriedenheit bei. Noch nie waren so viele Erwerbstätige von Umstrukturierungen betroffen wie im vergangenen Jahrzehnt.

Diese massiven Veränderungen beruflicher Strukturen haben eines zur Folge: Das Arbeitsleben wird in zunehmendem Maß zur Tour de Force. Bereits im Alter von vierzig Jahren sehen immer mehr Berufstätige ihre Kräfte physisch und psychisch schwinden. Dies gilt umso mehr, wenn sich die Betroffenen vorstellen, im Regelfall ein weiteres Vierteljahrhundert ihrer Tätigkeit nachgehen zu müssen. Zukünftig wird sich auch die tägliche Arbeitszeit nicht mehr verkürzen. Die 35-Stunden-Woche wird auch von Gewerkschaftsseite nicht mehr ernsthaft gefordert. Sowohl die Wochen- als auch die Lebensarbeitszeit werden sich eher erhöhen. In den USA wird das Ruhestandsalter ab dem Jahr 2003 in schrittweisen monatlichen Anstiegen von 65 auf 67 Jahre hochgesetzt. Nach Berechnungen der OECD müsste das tatsächliche (und nicht das offizielle) Rentenalter sogar auf 70 Jahre erhöht werden, um der Last einer alternden Gesellschaft Rechnung zu tragen. Die Hoffnung, gesetzlich früher in Rente gehen zu können, wird daher für die Berufstätigen von heute voraussichtlich nicht in Erfüllung gehen. Im Hinblick auf einen frühzeitigen Berufsausstieg gibt es eine Alternative: das Floating-Konzept.

Ihr »Haltbarkeitsdatum« läuft immer schneller ab

Das Beschäftigungssystem mit lebenslanger Anstellung neigt sich nach zwei Jahrhunderten dem Ende zu. Viele Berufstätige werden daher gar nicht mehr die Wahl haben, bis 65 (oder 67) zu arbeiten. Bereits ab Mitte dreißig, spätestens ab vierzig nimmt im Falle einer Arbeitslosigkeit die Attraktivität des Einzelnen für den Arbeitsmarkt drastisch ab. In vielen Branchen bestimmen junge Menschen das Berufsbild. Und die Anzahl der Berufe steigt, in denen das eigene »Haltbarkeitsdatum« immer schneller abläuft. Beispielsweise die Internetbranche, der Technologiesektor, der Touristikbereich oder die Werbeszene. Diese Branchen brauchen Mitarbeiter, die auf dem letzten Stand des Wissens sind. Der Floater hat den Vorteil, dass er nicht abzuwarten braucht, bis seine Uhr abgelaufen ist. Er ergreift selbst die Initiative, um mit 50 seinen eigenen Weg zu bestimmen. Das Spektrum ist dabei denkbar weit: Verbandsvorsitzender, Selbstständiger, Familienvater, Umweltaktivist, Künstler …

Die Herrschaft der Erbsenzähler

Es existieren noch weitere Faktoren, die den Wunsch nach Einschränkung der Erwerbstätigkeit intensivieren: Das Kosten-Controlling hat in den vergangenen Jahren innerhalb der Unternehmenspolitik ständig an Bedeutung gewonnen. Leidtragende Betriebsbereiche waren u. a. der immer straffer organisierte Vertrieb und das Marketing, deren Budgets teilweise gnadenlos zusammengestrichen wurden. Maßgebende Unternehmensleitlinie wurde die aus Japan stammende Lean-Management-Philosophie. Die Folgen des Kostendrucks: Wo früher drei Arbeitnehmer saßen, versuchen heute zwei, die Aufgaben zu bewältigen. Die Unternehmensleitungen streben geradezu danach, die letzten brachliegenden Leistungsreserven und Produktivitätspotenziale ihrer Mitarbeiter auf allen Hierarchieebenen zu erschließen, sie regelrecht auszubeuten. Infolgedessen drängt sich bei Betrachtung des Betriebsgeschehens mitunter der Eindruck auf, dass Sachbearbeiter genauso stressgeplagt, zum Teil nervöser wirken als ihre Vorgesetzten. Zwar ist der Zeitdruck in den letzten Jahren für alle Beschäftigungsgruppen gleichermaßen gestiegen, leitende Angestellte wurden dafür aber im Unterschied zu ihren schlechter bezahlten Kollegen häufig mit mehr Kompetenzen und größeren motivierenden Handlungsspielräumen ausgestattet. Dagegen blieben die Arbeitsinhalte für die übrigen Mitarbeiter weiterhin eintönig. Die Situation spitzt sich noch zu, seitdem der Verschlankungsprozess der Unternehmen auch die Anzahl der interessanten Führungspositionen im mittleren Management drastisch reduziert hat. Die Zugangsschwellen zu sinnhafter Arbeit werden daher immer höher.

Der zweifelsohne festzustellende Anstieg der Belastungen laugt die Beschäftigten aus, die immer häufiger Angst vor frühzeitigem Verschleiß ihres Arbeitsvermögens haben. Eines steht fest: Geraten Unternehmen trotz aller Controlling-Bemühungen – oder vielleicht aufgrund deren Übertreibung – unter zunehmenden Wettbewerbsdruck, ist dafür zumeist nicht der fehlende Arbeitseinsatz der Angestellten verantwortlich. Vielmehr mangelt es deutschen Firmen in immer größerem Ausmaß an Kreativität. Erbsenzählerei anstatt innovativer Lösungen steht auf der Tagesordnung. Der Mitarbeiter, der einen Vorschlag zur Kostenreduzierung äußert, findet sofort Gehör. Derjenige, der eine kreative Lösung zur Verbesserung der Marktsituation entwickelt, wird eher belächelt. Und auf der Ebene der Entscheider werden viel zu wenige Visionen entworfen. Dies ist auch nicht verwunderlich. Die besten Ideen können nicht in einem Klima der Hektik mit zunehmendem Arbeitstempo entstehen. Vielmehr entfalten sie sich bekanntermaßen in Phasen der Regeneration oder in entspannten, zeitunabhängigen Momenten.

Die von Sozialwissenschaftlern bereits seit langem vorausgesagte Humanisierung der Arbeitswelt, die den menschlichen Bedürfnissen nach Verantwortung, Selbstbestimmung und Kommunikation entspricht, ist in der Berufspraxis (zumeist) reine Fiktion. Der Reifegrad der Rationalisierungsmaßnahmen scheint in seinem gegenwärtigen Entwicklungsstadium dem sozialen Reifeprozess einer familienorientierten Personalpolitik meilenweit vorausgeeilt zu sein. Viele Mitarbeiter fühlen sich demotiviert und einseitig beansprucht. Die Folgen sind Ermüdungserscheinungen und psychosomatische Beschwerden. Arbeit auf der einen und Selbstverwirklichung auf der anderen Seite driften immer mehr auseinander. Die Distanz zur Arbeit wird größer und die Identifikation mit dem Unternehmen als Motivationsmaßstab steht zum Schluss nur noch auf Marketingpapieren.

Das Shareholder-Value-Prinzip

Die Kapitalgesellschaften stehen heute unter einem zunehmenden Erwartungsdruck der Öffentlichkeit und insbesondere ihrer Anteilseigner. Ihre Rendite beziehen die Aktionäre dabei aus zwei Quellen: zum einen aus den Dividenden, die ertragsabhängig sind, und zum anderen aus Kursgewinnen, die beispielsweise dann zu verzeichnen sind, wenn das Unternehmen umstrukturiert oder Personal freisetzt. Fazit: Geht es den Mitarbeitern schlecht, fühlen sich die Aktionäre wohl. Und kein Unternehmen kann es sich auf Dauer leisten, seine Anteilseigner zu verprellen. Die Mitarbeiter sind die Leidtragenden.

Mobbing

Ein weiteres Phänomen, das Mobbing, trägt ebenfalls dazu bei, den Wunsch nach einem Berufsausstieg so früh wie möglich realisieren zu wollen. Immer häufiger werden Kollegen gezielt unter Druck gesetzt, entstehen Konflikte am Arbeitsplatz oder schikanieren Vorgesetzte ihre Mitarbeiter. Sicherlich gab es auch schon früher Mobbing-Opfer, ohne dass es dafür einen eigenständigen und Publicity-wirksamen Begriff gegeben hätte. Aber es spricht einiges dafür, dass sich der Umgang der Kollegen untereinander in den letzten Jahren verschlechtert hat. Offensichtlich scheint der sich verschärfende globale Wettbewerb innerbetrieblich seine Fortsetzung zu finden. Der zwischenmenschliche Konkurrenzkampf erreichte in den letzten Jahren durch Gegeneinanderausspielen und Kaltstellen völlig neue Dimensionen.

Mobbing-Tendenzen breiten sich immer dann besonders stark aus, wenn Führungskräfte versagen, eine miserable Arbeitsorganisation herrscht und eine wenig motivierte Arbeitsgruppe anzutreffen ist. Beteiligt ist daran vor allem eine Generation, die es eigentlich besser wissen sollte – die jungen Neueinsteiger in das Berufsleben. In Anbetracht der vielen aufstiegsorientierten Hochschulabsolventen, denen immer weniger Managerpositionen zur Verfügung stehen, wird Kollegialität nicht gerade groß geschrieben. Dabei sind ihnen, im Gegensatz zu den Senior-Managern, in ihrer Ausbildung neue, humanere Personalkonzepte vermittelt worden. Kaum in die Firma eingestiegen, steht allerdings ein regelrechter Betriebs-Darwinismus auf der Tagesordnung. Sie betreiben das Mobbing bzw. den Konkurrenzkampf in vollendeter Perfektion. Man kann nur insoweit ein gewisses Verständnis aufbringen, als dass die Angst vor dem Arbeitsplatzverlust und der zunehmende Leistungsdruck deutliche Spuren hinterlassen. Die Sozialkompetenz bleibt dabei auf der Strecke und existiert nach kurzer Zeit überhaupt nicht mehr.

Die Wünsche der Mitarbeiter

Die aufgezeigten Szenarien und Entwicklungen sind typisch für die Situation in vielen deutschen Betrieben. Wie aber haben sich die Neigungen der Mitarbeiter entwickelt? Beobachtet man das Verhalten der Menschen, so kann bereits seit Mitte der Achtzigerjahre ein verstärktes Streben nach Individualisierung festgestellt werden. Dieser Verhaltenstrend ist heute noch intakt. Man hat sogar den Eindruck, dass sich das Bedürfnis nach Nonkonformismus in den vergangenen Jahren weiter intensivierte.

Während die Unternehmen der Neigung nach Individualität auf der Angebotsseite rasch entsprachen und Produktdifferenzierungen einleiteten, wurden die entsprechenden Konsequenzen im innerbetrieblichen Bereich nicht vollzogen. So existierte bereits Ende der Achtzigerjahre eine Angebotsvielfalt, die allen Abhebungswünschen der Kunden gerecht wurde. In wenigen Jahren sind so viele Neumarkenlancierungen registriert worden wie zuvor in mehreren Jahrzehnten nicht. In der Bekleidungsindustrie konnte seit dieser Zeit kein gruppenübergreifender einheitlicher Bekleidungsstil mehr kreiert werden. Es wurden nur noch Moden für Mikro-Zielgruppen designed und hergestellt. Und die Autoindustrie fächerte ihre Modellpalette in vorher nie gekanntem Maß auf. Heute ist kaum mehr vorstellbar, dass sich die Wünsche der Deutschen vor dreißig Jahren auf wenige Fahrzeugtypen mit geringen Serienausstattungsvarianten beschränkten. Innerhalb des Betriebs fanden die Bedürfnisse der Mitarbeiter allerdings keine oder eine viel zu geringe Beachtung. An den hierarchischen Strukturen wurde nach wie vor festgehalten. Und das, obwohl die Mitarbeiter nach individuellen Freiräumen suchten und eine offene Kommunikation anstrebten. Sie vermissten von den Unternehmen auch einen Beitrag zur Reduzierung des Spannungsverhältnisses zwischen Beruf und Familie. Erst in letzter Zeit gehen einige Unternehmen dazu über, familienorientierte Konzepte umzusetzen.

Fazit: Im Wesentlichen sind zwei unterschiedliche Antriebe für den Wunsch des frühzeitigen Berufsausstiegs ausschlaggebend: Zum einen sind es äußere Begleitumstände, die mit dem Arbeitsumfeld zusammenhängen. Dazu gehören die zunehmende Dynamik der Wirtschaft, die Macht des Controlling mit den negativen Auswirkungen für die Mitarbeiter und die Mobbing-Tendenzen mit ihren psychischen Folgen. Zum anderen haben sich die (inneren) Einstellungen der Berufstätigen in den vergangenen Jahren verändert. Das zunehmende Individualisierungsstreben hat zur Folge, dass viele Berufstätige sich nicht mehr langfristig in das enge Korsett eines abhängigen Beschäftigungsverhältnisses zwängen lassen möchten. Im Extremfall könnte dieser Wunsch selbst dann noch vorhanden sein, wenn die Unternehmen sich über die Bedürfnisse ihrer Mitarbeiter ernsthaft Gedanken machen würden. Die Berufstätigen setzen sich aber zunehmend eigene Ziele, wie sie ihr Leben nach der Berufstätigkeit gestalten möchten. Die Realisierung der Floating Time bietet eine interessante Perspektive, um schon bald selbstbestimmten, aktiven Inhalten nachzugehen.

Floaten im Einklang mit der Gesellschaft

Inwieweit wirkt sich das Floating positiv oder negativ auf die Gesamtgesellschaft aus? Zur Beantwortung möchten wir Sie zunächst mit folgender provokativen Aussage konfrontieren:

»Floater belasten die Gesellschaft. Sie hören mit 50 Jahren auf, in die Rentenkassen einzuzahlen, und liegen später den Sozialkassen auf der Tasche!«

An der Aussage ist lediglich wahr, dass der Floater in der Tat ab 50 nicht mehr in die unrentablen Rentenkassen einzahlt. Dafür bewegt sich seine spätere Altersrente, auf die er fünfzehn Jahre wartet, auf niedrigerem Niveau als bei anderen. Und hinzu kommt ein weiterer entscheidender Aspekt: Der Floater ist seit Beginn seiner Berufstätigkeit ein konsequenter Sparer. Mit dem Ziel vor Augen, die Berufstätigkeit frühzeitig zu beenden, ist er bereit, einen begrenzten Konsumverzicht zu üben. Er legt die Ersparnisse rentabel an und ist daher im Alter von 50 in der Lage, aus eigener Kraft die weiteren finanziellen Belastungen während seines Lebens zu tragen. Er hat es sich selbst verdient, einen neuen, selbstbestimmten Weg einzuschlagen. Es besteht überhaupt kein Anlass für den Floater, von der Gesellschaft über die spätere Altersrente hinaus Zahlungen in Anspruch nehmen zu müssen. Ganz anders verhält es sich dagegen mit seinem Konterpart, dem Konsumfreudigen, der einen herkömmlichen Berufsweg einschlägt und voraussichtlich mit 65 Jahren in Rente geht. Er hat nichts oder viel weniger als der Floater angespart und wird auf die Altersrente in stärkerem Ausmaß angewiesen sein. Typischerweise gehört er zu dem Personenkreis, der die niedrige Höhe der Rente am lautesten beklagt. Wird seine Rente unterhalb des Existenziminimums liegen, ist er es, der die Gesellschaft belastet. Ereilt ihn zudem das Schicksal der Arbeitslosigkeit, zum Beispiel mit 55 Jahren, wird er Zahlungen von der Arbeitslosenversicherung erhalten. Und dies wahrscheinlich über einen längeren Zeitraum hinweg – womöglich bis zu seiner Rente. Der Floater wird dagegen in diesem Altersabschnitt kein Arbeitslosengeld oder -hilfe mehr beanspruchen. Es liegt also auf der Hand, welcher der beiden vorgestellten Lebensentwürfe sich für die Sozialkassen negativer auswirkt.

Wir werden im Folgenden weitere Vorteile des Floating-Konzepts für die Gesamtgesellschaft aufzeigen.

Die Spendenorganisationen und Verbände werden jubeln

Institutionen, die ihre Aufgaben mit ehrenamtlich tätigen Mitgliedern wahrnehmen, werden sich nicht mehr so stark wie bisher über eine zu geringe Teilnahme seitens der Bevölkerung beklagen brauchen. Vorausgesetzt, eine nicht zu geringe Anzahl von Berufstätigen wird sich für das Floating-Konzept entscheiden. Ab 50 können sich die Floater mit ganzer Kraft kranken Menschen widmen, sich in wohltätigen Stiftungen engagieren oder sich für wertvolle gesellschaftliche Ideale in der Öffentlichkeit einsetzen. Die neuen Mitglieder werden für frischen Wind in den häufig überalterten Strukturen sorgen und mit ihren Publicity-wirksamen Ideen zusätzliche Spendenpotenziale erschließen. Für ein Übriges sorgt ihr großer Bekanntenkreis. Dessen Aktivierung wird Nachahmer und den ständigen Zufluss weiterer Geldmittel für den guten Zweck zur Folge haben.

Das Floating leistet auch einen wichtigen volkswirtschaftlichen Beitrag im Hinblick auf die gegenwärtige Arbeitsmarktsituation. Viele junge Menschen erhalten heute keinen Arbeitsplatz. Der Einstieg in das Berufsleben wird zur schwersten Hürde. Gegenwärtig werden in der Öffentlichkeit zwar viele Modelle in Richtung Arbeitsmarktentlastung diskutiert. Am Beispiel des (vermeintlichen) Lösungsansatzes »Vorruhestand« wird aber deutlich, dass diese Konzepte vielfach die Sozialkassen über Gebühr strapazieren. Von führenden Ökonomen wird immer wieder auf eines hingewiesen: Eine generelle Vorruhestandsregelung führt zum Kollabieren des Rentensystems. Gegenwärtig entfallen auf einen Rentner drei Erwerbstätige – im Jahre 2030 wird sich das Verhältnis dramatisch auf 2:3 verschlechtern. Der Generationenvertrag ist finanziell nicht mehr deckungsfähig. Der Vorruheständler, der seine Berufstätigkeit frühzeitig beendet, zahlt auf der einen Seite nicht mehr in die Rentenkasse ein und hat auf der anderen Seite nur einen kleinen Abschlag auf seine Rente in Kauf zu nehmen. Er wird also kaum schlechter gestellt, als wenn er bis 65 weitergearbeitet hätte. Diese Rechnung kann nicht aufgehen. Die Mehrzahl der Experten ist sich darüber einig, dass bei heute 35- oder 40-Jährigen eher eine längere als eine kürzere Lebensarbeitszeit zur Diskussion steht. Etwas anderes ist nicht finanzierbar.

Das Floating-Konzept bleibt von den aufgezeigten Entwicklungen des Rentensystems weitgehend unberührt. Schließlich wird der Weg in die finanzielle Unabhängigkeit überwiegend aus eigenen Mitteln bestritten. Und auch seinen Rentenanspruch hat sich der Floater durch entsprechende Einzahlungen in die Sozialkassen selbst erwirtschaftet. Die Bedeutung der Altersrente als Einnahmequelle ist für ihn ohnehin gering. In einigen Fällen wird die Rentenhöhe gerade ausreichen, um für einen Inflationsausgleich des Ersparten verwendet zu werden. Ein Floater kann daher die gegenwärtige und alle zukünftigen Rentendiskussionen entspannt verfolgen. Er erwartet nicht, mit der Rente einen Großteil seines Lebensunterhalts zu decken. Ihm ist zudem bekannt, dass weitere Einzahlungen ab dem 51. Lebensjahr in die Rentenkassen ohnehin zu den unrentabelsten Geldanlagen überhaupt gehören.

Kommen wir zurück zum Thema der Arbeitsmarktentlastung: Da jeder Floater seine Berufstätigkeit vorzeitig beendet, macht er seinen Arbeitsplatz für einen jüngeren Nachfolger frei. Mit dem früheren Berufseintritt der Youngster hängt auch ein weiterer Punkt auf der »Haben-Seite« des Floating-Konzepts zusammen: Das Durchschnittsalter in den Betrieben reduziert sich und neue, wegweisende Ideen werden rascher in die Umsetzungsphase gelangen. Im Zeichen einer zunehmenden Dynamisierung der Wirtschaft ist eine moderne Unternehmenspolitik von ausschlaggebender Bedeutung für den Fortbestand des Unternehmens.

Lassen Sie uns einmal den altersbezogenen, zyklischen Karriereweg in Unternehmen näher betrachten: Der junge, ambitionierte Berufseinsteiger verfügt über eine Vielzahl von neuen Vorstellungen. In seinem Gepäck befindet sich das aktuelle Wissen, um den Unternehmensfortbestand auch zukünftig zu sichern. Trotz aller Bemühungen wird er sein innovatives Wissen allerdings in den ersten Jahren seiner Berufstätigkeit zumeist nicht umsetzen können. Er verfügt nicht über die entsprechende Positionsmacht. Irgendwann – sagen wir nach fünf Jahren – erhält er aber seine Chance. Er steigt auf der Karriereleiter und wird zum (Mit-)Entscheider. Jetzt kommen alle Ideen zum Tragen, die so lange brachlagen. Das Unternehmen profitiert in der Folgezeit von einem Innovationsschub. Mit der Umsetzung der eigenen Vorstellungen wiederholt sich nun der beschriebene Kreislauf. Dieses Mal mit umgekehrten Vorzeichen. Jetzt stören die neuen, jungen Wilden, die alles besser wissen und über zu wenig Erfahrung verfügen. Deren neue Konzepte sind dem Aufsteiger unbekannt und äußerst suspekt. Er wird daher alles daran setzen, seine »Ideale« über einen möglichst langen Zeitraum zu retten. Aus dem ehemaligen »Revolutionär« ist ein »Statthalter« geworden. Es gibt sicherlich viele Entscheider, die sich ihre Aufgeschlossenheit für neue Unternehmensrichtungen bis ins hohe Alter erhalten. Niemand ist allerdings davor gefeit, im Alter Neuerungen zunehmend mit Skepsis zu begegnen. Diese Tendenz hängt mit der menschlichen Psyche zusammen. Das Konzept der Floating Time kann dazu beitragen, den Konflikt zwischen »Statthaltern« und »Jungen Wilden« zu entschärfen.

Bis zum Alter von 50 Jahren ist für jeden tatendurstigen Floater genügend Zeit vorhanden, um seine Leitbilder zu verwirklichen. Bevor er mit ansehen muss, dass seine Vorstellungen zur Unternehmenspolitik ins Antiquariat abgeschoben werden, erfolgt das Ausscheiden aus dem Berufsleben. Die Floating Time mit neuen Zielsetzungen beginnt. Auf der anderen Seite reduziert sich die Wartezeit der ungeduldigen, neuen Wirtschaftsgeneration. Sie gelangen frühzeitiger in Entscheidungspositionen. Der Fortbestand des Unternehmens ist aufgrund der Einleitung neuer, marktgerechter Konzepte gesichert. Keiner weiß genau, wie viele Firmen den Gang zum Konkursrichter hätten vermeiden können, wenn der Generationswechsel rascher betrieben worden wäre. Aber es werden nicht wenige sein.

Es soll nicht in Abrede gestellt werden, dass eine fundierte, langfristig orientierte Unternehmenspolitik das Knowhow von erfahrenen Kräften benötigt. Neue Studien über ältere Berufstätige belegen, dass bestimmte Intelligenzausprägungen erst im fünften Lebensjahrzehnt (ab vierzig) ihren Höhepunkt erreichen. So können Ältere schneller Wichtiges von Unwichtigem trennen. Ihnen gelingt es auch besser, Kollegen und Untergebene zu motivieren sowie das Unternehmen nach außen zu repräsentieren. Zudem kennen Sie den Markt genau und sind teilweise mit ihren Kunden alt geworden, die den Unternehmensfortbestand sichern. Ein abrupter Wechsel des Führungspersonals hätte einen massiven Kundenschwund zur Folge. Auf der anderen Seite werden in nicht mehr ausreichendem Umfang neue Abnehmer gewonnen. Hier wird deutlich: Eine gute »Jahrgangs-Mischung« ist für den Erfolg ausschlaggebend. Es werden sicherlich auch niemals alle 50-Jährigen auf einmal aus dem Betrieb ausscheiden. Zwar muss sich jeder, der, wie die Autoren, ein neues Konzept vorstellt, fragen lassen, was eigentlich passiert, wenn alle daran teilnehmen. Aber von einem regelrechten Herdentrieb auszugehen ist in der Praxis ziemlich absurd. Dazu gibt es zu viele unterschiedliche Lebensentwürfe. Nur einer davon – und wie wir meinen, ein besonders gesellschaftskonformer – ist dabei das Floating-Konzept.

Ohne Ersparnisse keine Investitionen

Falls die Unkenrufe ihrer Bekannten immer noch nicht verhallen, wie unmoralisch es sei, seinen Lebensunterhalt überwiegend von den Zinsen des Ersparten ohne produktive Anbindung bestreiten zu wollen, möchten wir Ihnen ein weiteres volkswirtschaftliches Argument nennen: Als Floater gehören Sie zu den Konsumenten, die eine konsequente Sparpolitik verfolgen. Das Sparen wiederum setzt finanzielle Mittel frei, die für Investitionen der Unternehmen wie z. B. Kapazitätserweiterungen oder Modernisierungen genutzt werden. Gerade Firmen in wachstumsstarken Branchen hätten ohne geliehenes Geld nicht expandieren können. Ein gutes Beispiel dafür ist der Finanzbedarf am Neuen Markt an der Frankfurter Börse. Internet- oder Biotechnologie-Unternehmen beschaffen sich die finanziellen Mittel für erforderliche Investitionen in verstärktem Maße über den Aktienmarkt (und nicht über viel teurere Bankkredite). Dort stellen Anleger im Zuge von Zeichnungen, Kapitalerhöhungen oder Kaufaufträgen den betreffenden Unternehmen Geld zur Verfügung. Der Floater bevorzugt die dafür in Betracht kommenden Anlageformen: Aktienfonds und Aktien. Ohne diese monetären Zuflüsse würde sich der Aufbau von neuen, Arbeitsplätze schaffenden Zukunftsbranchen viel langsamer oder überhaupt nicht vollziehen.

Die Folge des Sparverhaltens des Floaters sind positive Wachstumseffekte für die Gesamtwirtschaft. Auf der anderen Seite hält sich der konjunkturdämpfende Effekt des Nachfragerückgangs in eng abgesteckten Grenzen. Der Floater betreibt keine Askese, er kappt lediglich ein paar Konsumspitzen. Für seine Hobbys und Engagements, die ihm später nach dem Ausscheiden aus dem Berufsleben eine neue Sinnhaftigkeit vermitteln, wird er eher überdurchschnittliche Ausgaben tätigen.

Fazit: Das gesellschaftskonforme Verhalten des Floaters ist bewusst in einem etwas breiteren Rahmen dargestellt worden. Die Abgrenzung zum Aussteiger, der der Erwerbswirtschaft den Rücken kehrt, ist von elementarer Bedeutung. Der Floater ist ein Mensch, der vieles in Harmonie tut. Daher ist sein Leben so ausgeglichen und letztendlich so abwechslungsreich. Ihm liegt daran, seine Ziele im Einklang mit gesamtgesellschaftlichen Interessen zu verwirklichen. Die oben angeführten Vorteile des Floating für die Öffentlichkeit unterstreichen dies.

Zeit der Berufstätigkeit – Die erste Lebensphase von 25 bis 50 Jahre

Ein neuer Lebensentwurf – Let your life float

Häufig wird in unserer Gesellschaft ein Zerfall der Werte beklagt. Verbindliche Normen, an denen sich der Einzelne orientieren kann, gibt es in der Tat kaum noch. Man mag dies bedauern, kann darin aber auch eine Chance sehen, sich von fremdbestimmten Handlungs- und Denkmustern zu befreien. Muss man beispielsweise bis 65 berufstätig sein? Oder: Muss man den Kindern ein hohes Erbe hinterlassen? Und: Muss man als Mann eine Karriere anstreben? Früher gab es hierauf eindeutige Antworten. Heute haben Sie die Möglichkeit, alle Fragen weitgehend frei beantworten zu können, ohne negative Sanktionen der Gesellschaft fürchten zu müssen. Niemand schreibt Ihnen vor, wie Sie zu handeln haben. Machen Sie sich also frei, indem Sie ausgiebig zwischen den verschiedenen Lebensinhalten floaten.

Wie bereits erwähnt, streben die Floater im Alter von 50 Jahren ihren Berufsausstieg an. Sie möchten zu diesem Zeitpunkt neuen Aktivitäten nachgehen, an deren Ausübung sie ihr abhängiges Beschäftigungsverhältnis bislang hindert. Dies bedeutet allerdings nicht, dass der Floater sich in seinem Beruf nicht engagiert. Ganz im Gegenteil – nur motivierte Personen erzielen ein optimales Arbeitsergebnis. Und die Floater sind aufgrund ihres abwechslungsreichen Lebensentwurfs geradezu Motivationskünstler. Sie sind Wandler zwischen den Welten, die sich für verschiedene Lebensbereiche engagieren können und nicht verkrampft nur einen Bereich betonen. Sie sind daher während der Dauer ihrer Berufstätigkeit einsatzbereite Mitarbeiter, ohne dabei andere, außerberufliche Perspektiven aus den Augen zu verlieren.

Der Floater ist in der bevorzugten Lage, seine Lebensinhalte der jeweiligen Situation flexibel anzupassen. Er agiert nicht eindimensional und wird daher in die einzelnen Lebensphasen nicht abrupt eintreten. Ein »Freizeitschock« etwa mit Beginn des Rentenalters bleibt ihm erspart.

Sind Sie ein Floater-Typ?

Ist jetzt für Sie – als vielleicht 28-, 32- oder 37-Jähriger – der richtige Zeitpunkt gekommen, um die Segel in Richtung Floating Time zu setzen? Übrigens können auch über 40-Jährige noch in das Floating-Konzept einsteigen. Es überwiegt in diesen Fällen die Fragestellung, inwieweit das erforderliche Kapital zur Verfügung steht, das sich der Modell-Floater ab seinem 25. Geburtstag angespart hat. Wie wir aus der Vielzahl unserer Gespräche wissen, hat die noch darzulegende Modell-Haushaltsrechnung fast immer zu einem »Aha-Erlebnis« geführt. Der Skepsis folgte die Erkenntnis: »Es geht ja wirklich.« Vielleicht gehören Sie zum Kreis derjenigen, die sich im Alter von 45 Jahren – finanziell betrachtet – bereits in einer komfortablen Floating-Situation befinden, ohne es zu ahnen. Diese Tendenz zeigte sich auch in den meisten Gesprächen im Vorfeld unserer Buchveröffentlichung. Sie wurden überwiegend mit Personen geführt, die, wie die Autoren, innerhalb des Finanzbereichs beschäftigt sind. Und selbst vielen von ihnen erging es nicht anders. Ihre Vorstellungen waren mitunter auch von Vorurteilen oder überalterten Ansichten geprägt, die ein Denken in neuen Kategorien erschwerte. Selbstverständlich sollte man sich auch nicht zu sehr auf das angegebene Zielalter von 50 Jahren fixieren. Die Ausführungen sind grundsätzlich auch auf eine Floating Time übertragbar, die z. B. »erst« mit 52 Jahren beginnt. In diesem Fall wird eine leichte Zielabweichung zum Modell-Floater festgestellt, die eine zeitliche Verzögerung zur Folge hat.

Wir haben bereits darauf aufmerksam gemacht, dass der Begriff »Floater« sowohl für Familien und Singles als auch für Männer und Frauen gleichermaßen verwendet wird. Innerhalb einer Familie kann es aber durchaus ein Splitting geben. Möchte z. B. der Ehemann bis zum Alter von 65 Jahren regulär weiterarbeiten, die Frau aber mit 50 ihre Berufstätigkeit beenden, lässt sich dies ohne weiteres einrichten. Es sollte allerdings eine klare Vereinbarung zwischen den Ehe- bzw. Lebenspartnern getroffen werden, um potenzielle Konfliktfelder schon im Vorfeld auszuräumen. Beispielsweise ist vorstellbar, dass sich derjenige Partner, der seine Berufstätigkeit frühzeitig beendet, intensiver um die Regelung der Privatangelegenheiten kümmert. Aufgrund der Vielzahl von Entscheidungssituationen innerhalb des privaten Bereichs kommt dies sicherlich einer Halbtagsarbeit gleich. Auch aus finanzieller Hinsicht spricht nichts dagegen, wenn einer der Ehe- bzw. Lebenspartner nicht am Floating-Konzept teilnimmt. Ganz im Gegenteil. Verfolgen dagegen beide Partner die Zielsetzung, mit 50 die Berufstätigkeit – bei einem Altersunterschied zeitlich versetzt – zu beenden, sollte man sich auch bei dieser Konstellation über die Konsequenzen im Klaren sein. Es entsteht eine völlig neue Situation, wenn man alles, oder zumindest sehr viel mehr als zuvor, gemeinsam erlebt. Die Beziehung wird viel intensiver, verbunden mit der Gefahr, sich zu entzweien. Auf der anderen Seite besteht aber auch die Chance, endlich durch die gewonnene Freiheit mehr Zeit füreinander zu finden und dem Partner die Aufmerksamkeit zu schenken, die er sich vielleicht schon so lange wünscht.

Greifen wir nun die Situation des »Junior-Floaters« auf, der seine Berufstätigkeit mit 25 Jahren beginnt. Er arbeitet gern, verspürt aber auch das Bedürfnis, außerberuflichen Aktivitäten aus verschiedenen Bereichen wie etwa Sport, Kultur oder Bildung nachzugehen. Er steht vor der Wahl, ob er seinen beruflichen Erfolgsweg mit allem Einsatz weiterverfolgt oder ob eine Beschränkung der Karriere für ihn zu einer höheren Lebensqualität führt. Diese Entscheidung von großer Tragweite will und kann ihm keiner abnehmen. Denn es lässt sich objektiv nicht feststellen, welche Alternative für ihn den größeren Nutzen erbringt. Gegen eine »missionarischen« Beeinflussung der Leser wird sich der Inhalt dieses Buches verwahren. Das Ziel der Autoren ist es, den Weg zur Floating Time zu beschreiben und dabei auch Kritisches im Leben eines Floaters aufzuzeigen. Auf der anderen Seite werden – und dies wird niemand anders erwartet haben – die vielen faszinierenden Vorteile des Floating-Konzepts ausführlich dargestellt.

Willkommen im Club der Floater

Die Zielgruppe der Floater stellt einen weiten Bevölkerungskreis dar:

Beruf: abhängig Beschäftigte, die als Facharbeiter, Manager oder Sachbearbeiter tätig sind
Alter: ca. 25 bis 45 Jahre alt
Familienstand: Alleinstehende und Familien mit Kindern gleichermaßen (unabhängiges Kriterium)
Einkommen: durchschnittlich bis leicht überdurchschnittlich; von einer Babypause abgesehen sind beide Partner bis zum Alter von 50 Jahren berufstätig
Lifestyle: Arbeits- und Freizeitorientierung befinden sich in einer ausgewogenen Balance, vielseitig interessiert (Kultur, Sport, Bildung, soziale Aktivitäten etc.)
Konsum-/Sparverhalten: reiner Status- oder Referenzgruppenkonsum ist unwichtig, relativ viel Geld wird für Hobbys ausgegeben, bestimmte Konsumspitzen werden allerdings vermieden

---

Die vielseitigen Freizeitinteressen sind ein stark ausgeprägtes Verhaltensmerkmal der Floater. Mehrdimensionalität statt eingleisigem Karrieredenken sind gefragt. Denn es ist wichtig, sich bereits in der ersten Lebensphase Hobbys aufzubauen. Personen, die es dagegen nie gelernt haben, neben ihrer Berufstätigkeit weitere Betätigungsfelder aufzubauen, wird es kaum gelingen, im fortgeschrittenen Alter eine plötzliche Umkehr zu vollziehen. Für sie ist die neue Lebensphase mit vielen selbstbestimmten Inhalten ein langsam wirkendes Gift. Sind die Batterien weitgehend leer und wurde das Ideenpotenzial für außerberufliche Interessen nie aktiviert, wird ein gleitendes Floaten nicht möglich sein.

Aus den Ausführungen zur Kernzielgruppe ist deutlich geworden, dass sich das Buch nicht an die oberste Managementebene richtet. Es sei denn, die Topetage vollzieht einen radikalen Schnitt ihres bisherigen Lebensentwurfs, der nicht zu spät erfolgen darf. Vielmehr ist das Buch für beruflich motivierte Personen geschrieben, die auf den letzten Karriere-Kick bewusst verzichten und denen eine ausgewogene Balance zwischen Beruf, Familie, Freunden und Hobbys wichtiger ist. Sie sind am ehesten dazu in der Lage, in die neue Lebensphase einzutreten und die Zeit mit neuen, selbstbestimmten Inhalten sinnvoll auszufüllen. Die psychischen Barrieren, ab 50 in die Floating Phase einzutreten, existieren bei ihnen zwar immer noch, aber in weit weniger stark ausgeprägtem Maß. Darauf und auf die Möglichkeit, neue Betätigungsfelder zu finden, wird noch ausführlich eingegangen werden.

Mit einem Ziel vor Augen gibt es keine (Spar-)Grenzen

Warum ist es so wichtig, ein Ziel zu verfolgen? Im Fall der frühzeitigen Beendigung der Berufstätigkeit liegen die Vorteile auf der Hand. Sobald Sie sich für diese Lebensphilosophie entschieden haben, wägen Sie rationaler die Vor- und Nachteile bei Kaufentscheidungen ab. Sie konsumieren insgesamt bewusster und lernen zu sparen. Im Gegensatz zu den meisten übrigen Verbrauchern verfügen Sie über einen Orientierungsmaßstab hinsichtlich Ihres Einkaufsverhaltens. Manager können aus Erfahrung berichten, wie sehr Zielsetzungen auch in beruflichen Betätigungsfeldern beflügeln können. Untersuchungen mit einer Arbeitsgruppe ohne Ziele und einer Testgruppe mit konkreten Zielvorgaben wiesen schon nach kurzer Zeit erhebliche Ergebnisvorteile für die Gruppe auf, denen eine Messlatte vorgegeben wurde. Freuen Sie sich also auf das Sparen, ohne es zu übertreiben. Denn Sie gehören zu dem Personenkreis, der genau weiß, wofür er es tut. Dieser Gedankengang sollte auch diejenigen motivieren, die anhand der noch folgenden Modell-Haushaltsrechnung zunächst entsetzt feststellen werden, dass sie das ausgewiesene Ausgabebudget zum gegenwärtigen Zeitpunkt überschreiten, ohne über ein entsprechend höheres Einkommen zu verfügen.

Wird von einem Haushalt das Ziel konsequent verfolgt, früher als andere aus dem Berufsleben auszuscheiden, ist von einer prinzipiellen Bereitschaft auszugehen, bestimmte hohe Ausgaben zu kappen. Vielfach wird die Entscheidungssituation darin bestehen, ob ein sofortiger Konsum gewünscht oder einem Verbrauchsverzicht zugunsten des Lebensziels der Vorrang einzuräumen ist. Eines steht fest: Aufgrund ihrer eindeutig definierten Zielsetzung werden die Floater die moderate Senkung der Konsumausgaben als weniger schmerzlich empfinden als andere.

Zielsetzungen sind nicht nur auf der Ausgabeseite wichtig, sondern auch zur bewussten Steuerung der Einnahmepositionen. Die Ergebnisse sowohl bei Einkommensverhandlungen als auch bei Ihren Geldanlagen werden entsprechend ihres Lösungsbeitrags bewertet. Eine mögliche Fragestellung könnte etwa lauten: »Um wie viele Monate bringt es mich im Hinblick auf mein Ziel weiter, wenn ich eine Einkommenserhöhung von monatlich 200,– DM erhalte?«

Fazit: Zielsetzungen wirken sich für beide Seiten Ihrer Haushaltsbilanz positiv aus. Zum einen wird bei den Ausgaben die spontane Wunscherfüllung von Konsumgütern auf den Prüfstand gestellt. Zum anderen forcieren Sie auf der Einnahmeseite die entscheidenden Positionen wie Einkommen oder effizientes Geldmanagement in eigener Sache, um die Floating Time im Alter von 50 Jahren zu erreichen.

Die Trauben hängen nicht zu hoch

Die Entscheidung, sich (geringfügig) einzuschränken, muss jeder für sich selbst treffen. Und kommt ein Leser zur Überzeugung, dass für ihn stets die unmittelbare Konsumbefriedigung im Vordergrund steht, wird er sich für einen anderen Lebensentwurf entscheiden müssen. Er wird hoffentlich zum glücklichen Hedonisten. Die Kehrseite der Medaille ist, dass er wahrscheinlich bis 65 als abhängig Beschäftigter tätig ist. Auch hier wird es Personen geben, die darin keinen Nachteil sehen, da sie in ihrer Erwerbstätigkeit Erfüllung finden und sich bis zum Rentenalter gar keinen anderen Weg vorstellen können.

Die in der Modell-Haushaltsrechnung zugrunde gelegten Einkommen von Ehemann und Ehefrau sind nur unwesentlich über dem Durchschnitt des Einkommens der Bevölkerung in den alten Bundesländern angesetzt. Eine Kernthese des Buches lautet daher:

Eine Vielzahl von Haushalten in der Bundesrepublik Deutschland ist finanziell in der Lage, die Floating Time zu erreichen, sobald beide Einkommensbezieher 50 Jahre alt sind.

Diese Aussage ist unabhängig davon, ob es sich um einen Manager, Facharbeiter oder Sachbearbeiter handelt. In den Familien sind die Positionen ohnehin häufig kombiniert anzutreffen. Übrigens: Da die Frau im Regelfall etwas jünger ist, wird sie die neue Lebensphase um den entsprechenden Altersunterschied zeitlich versetzt erreichen.

Die Kernthese bezieht sich grundsätzlich auf die alten und die neuen Bundesländer gleichermaßen. Allerdings wird aufgrund der Sondersituation in den neuen Bundesländern der Prozentsatz der potenziellen Floater etwas niedriger anzusetzen sein. Zukünftig werden sich die Zahlen sicherlich angleichen.

Vielfach wird die Floating Time sogar bei niedrigerem Haushaltseinkommen und einem entsprechend reduzierten Ausgabenniveau realisierbar sein. Wie bei vielen Dingen im Leben, so ist es auch hier: Das Wollen und die konsequente Umsetzung entscheiden letztendlich über Erfolg oder Misserfolg.

Die Modell-Haushaltsrechnung

Woraus resultieren die Ersparnisse, von deren Zinsen Sie ab 50 schwerpunktmäßig Ihren Lebensunterhalt bestreiten? Die Antwort liefert die Modell-Haushaltsrechnung. Sie unterstreicht die finanzielle Machbarkeit des Floating-Konzepts. Den Einnahmen, die die Musterfamilie bzw. der Mustersingle erzielt, werden Ausgaben in jeweils realistischer Höhe gegenübergestellt, um einen Einnahme-Überschuss zu ermitteln (siehe hierzu die sechs Tabellen der Modell-Haushaltsrechnung im Anhang ab Seite 168). Dieser wird monatlich in eine wachstumsorientierte Anlagemöglichkeit investiert, um über das erforderliche Endkapital nach Ablauf von 25 Jahren verfügen zu können.

Für das Erreichen des Endkapitals werden konkrete Handlungsempfehlungen aufgezeigt, die sich auf drei Verhaltensebenen beziehen:

- das Finanzverhalten;
- das Arbeits- und Sozialverhalten;
- das Konsum- und Sparverhalten.

Ein optimal abgestimmtes Verhalten auf allen drei Ebenen ist der Schlüssel zum Erfolg.

Die Einnahmeseite

Sehen wir uns die Modell-Haushaltsrechnung in der ersten Lebensphase einmal für eine Familie oder Lebensgemeinschaft näher an: Auf der Einnahmeseite sind für den ersten Einkommensbezieher 3.950,– DM netto und für den zweiten Einkommensbezieher 1.950,– DM ausgewiesen. Nachfolgend möchten wir darauf eingehen, warum in der Mehrzahl der Fälle von **Doppelverdiener-Haushalten** ausgegangen wird.

Das klassische Drei-Phasen-Modell der Berufsbiografie von Frauen ist mittlerweile so antiquiert, dass man es sich nochmals vor Augen halten muss: Zunächst die Phase der Vollzeitarbeit und Heirat, anschließend lange Jahre Hausfrau und Mutter und schließlich wieder Erwerbsleben, nachdem die Kinder außer Haus sind. Der Schwerpunkt des Lebensinhalts lag dabei auf der zweiten Phase. Die Frauen verstehen sich aber heute nicht mehr als bloße »Dazuverdiener« mit schlecht bezahlten Jobs. Für einen modernen Haushalt sind heute Doppelverdiener mit einer relativ kurzen Phase des beruflichen Ausscheidens eines Haushaltsmitglieds typisch. Die hohe Dynamik der Wirtschaft und der Technologie ließe auch gar keine langfristige Babypause mehr zu; der Ausstieg geriete ansonsten zu einem Ausstieg für immer. Leider.

Der Anteil, den Frauen zum Bruttosozialprodukt beitragen, wird in den nächsten Jahren weiter steigen. Auch neue Unternehmenskonzepte beschleunigen die Entwicklung. Unter dem Stichwort »familienorientierte Unternehmenspolitik« verbergen sich Projekte zur Frauenförderung und Kinderbetreuung. Bislang überwiegt in vielen Firmen noch die Einstellung: Karriere und Kinder schließen sich aus. Aber immer mehr Unternehmen in der Bundesrepublik richten betriebseigene Krabbelstuben, Kindertagesstätten, Kindergärten oder Horte ein. Die Beweggründe hierfür sind vermutlich weniger sozial als vielmehr betriebswirtschaftlich motiviert. Denn es zeigt sich, dass Firmen mit familienorientierten Maßnahmen Frauen länger an das Unternehmen binden können. Lange Einarbeitungszeiten für Nachfolger(innen) entfallen. Zudem steigt die Qualität der geleisteten Arbeit, da sich die Frauen ganz auf ihre Arbeit konzentrieren können – in der Gewissheit einer guten Betreuung ihrer Kinder.

Wenn man sich einmal vor Augen hält, welche ebenfalls dem sozialen Bereich zuzuordnenden Maßnahmen bereits vor langer Zeit in die Unternehmenspolitik eingingen, ist es erstaunlich, dass so lange hinsichtlich der Familienförderung nicht gehandelt wurde. Während Umwelt-Engagement, Kultursponsoring oder die Gründung von Stiftungen mittlerweile zu Unternehmensstandards zählen, zögern viele Betriebe bei der Einführung einer familienorientierten Personalpolitik bis zum heutigen Tag. Dabei ist eine Entscheidung in diesem Bereich so viel wesentlicher, als es jede andere Social-Marketing-Maßnahme sein kann.

So manche mit dem Label der Frauenförderung versehene Maßnahme weist allerdings durchaus eine Kehrseite der Medaille auf. Zum Beispiel ist die ansteigende Anzahl von Telearbeitsplätzen zwar als familienfördernd einzustufen, nicht aber ohne weiteres auch als frauenfreundlich. Für viele Frauen hat sie eine Doppelbelastung ohne berufliche Aufstiegschancen zur Folge. Das alte Rollenbild der Frau als »Dazuverdienende« wird manifestiert. Eine geschlechtsspezifische Gleichstellung ist nur erzielt, wenn ein gleich hoher männlicher Anteil sich in der Wirtschaft in Teilzeitarbeitsverhältnissen befindet und ein Jobsharing auch auf der Management-Ebene etabliert würde. Allerdings ist der Anteil an Männern, die Teilzeitarbeit in Anspruch nehmen, verschwindend gering.

Inwieweit betreffen die aufgezeigten Entwicklungen das Floating-Konzept? In der Modell-Haushaltsrechnung wird zwischen dem ersten und dem zweiten Einkommensbezieher unterschieden. Damit ist nicht festgelegt, ob die Frau oder der Mann das höhere Gehalt bezieht. Entscheidend ist vielmehr, dass beim zweiten Einkommen von einer siebenjährigen beruflichen Auszeit für die Erziehung der Kinder ausgegangen wird. Es verbleiben demnach 18 Jahre (25-jährige erste Lebensphase) für die Zeit der Berufstätigkeit. In der Modell-Haushaltsrechnung wird daher auch bei Familien mit Kindern von zwei Einkommen ausgegangen. Ausschlaggebend hierfür sind neben dem veränderten Rollenbild der Frau insbesondere die verbesserten betrieblichen Voraussetzungen in Form von Gleitzeit, Betriebskindergärten und Teilzeitvereinbarungen. Um einen Erziehungs- und Berufsanteil für beide Ehe- bzw. Lebenspartner vorzusehen, ist sogar ein Jobsharing-Modell zwischen den Partnern möglich.

Übrigens: Ergab die Familien-Entscheidung, dass nach der Geburt des Kindes die Frau ihre Berufstätigkeit (befristet) beendet, leidet ihre Qualifizierung dadurch keineswegs. Das Haushaltsmanagement, das sie in der Zwischenzeit betreibt, stellt einen guten Eignungstest für weitere berufliche Herausforderungen dar. Gefragt sind sowohl bei der Arbeit als auch in der Familie: Organisationstalent, Konfliktkompetenz, Risikoeinschätzung, Fähigkeit zur Selbstmotivation, Flexibilität etc. Haushaltsführung und Kindererziehung sind keine verlorene Zeit, sondern ein Fitnesstraining für Kompetenzen, die vom Arbeitsmarkt zukünftig noch stärker nachgefragt werden. Beispielsweise erfordert die zunehmende Telearbeit ein flexibles, eigenverantwortliches Handeln, bei der Selbstmotivationsaspekte von großer Bedeutung sind. Mütter sind dafür geradezu prädestiniert.

Fazit: Es werden in den nächsten Jahren familienfreundlichere Konzepte in den Betrieben umgesetzt, die bessere Voraussetzungen für die Vereinbarkeit von Beruf und Familie schaffen; positiv für die Floater.

Die **sonstigen Einnahmen** in der Modell-Haushaltsrechnung können aus sehr unterschiedlichen Quellen stammen. Einzubeziehen sind u. a. Einnahmen aus einer nebenberuflichen oder selbstständigen Tätigkeit sowie Zuwendungen bzw. Schenkungen der Eltern. Zu den sonstigen Einnahmen zählen auch Einkünfte aus Kapitalvermögen (Einmalbetrag mit Ausschüttungen) oder aus Vermietung und Verpachtung (schuldenfreie Immobilie). Sicherlich wird nahezu jeder Floater die eine oder andere »zusätzliche Geldquelle« besitzen. Sollte dies nicht der Fall sein, verschlechtert sich seine Position gegenüber dem Modell-Floater nur unwesentlich. Denn die sonstigen Einnahmen sind bewusst sehr niedrig angesetzt worden. Es wird davon ausgegangen, dass der Floater sein Ziel überwiegend mit dem Einkommen aus einem abhängigen Beschäftigungsverhältnis erreicht.

Wenn das Einkommen nicht ausreicht

Liebe Leserin, lieber Leser, Sie brauchen nicht nervös zu werden, wenn Sie das angegebene Einkommensniveau zu Beginn Ihres beruflichen Werdegangs nicht erreichen. Sie haben noch genügend Zeit, Gehalts- bzw. Lohnerhöhungen zu erwirken.

Es sei allerdings darauf verwiesen, dass es wichtig ist, das Ziel-Sparvolumen von 900,– DM möglichst von Beginn an einzuhalten. Die erste Vermutung, heute 300,– DM weniger können morgen mit 300,– DM mehr ausgeglichen werden, ist eine Milchmädchenrechnung. Sie vernachlässigt die geometrische Wirkung der Zinseszinsrechnung. Der später erhöhte monatliche Sparbetrag verzinst sich nur noch innerhalb der Restlaufzeit bis zur Floating Time, während die zu Beginn eingezahlten Beträge über den kompletten Betrachtungszeitraum von 25 Jahren mit Zins und Zinseszins anwachsen.

Sieht es immer noch schlecht aus? Zum Beispiel, wenn auf absehbare Zeit keine Gehaltserhöhung realisierbar ist und kein Ausgleich durch andere Einnahmequellen erfolgen kann. Selbst dies stellt keinen endgültigen K.-o.-Faktor dar. Denn die Floating Time lässt sich immer noch erreichen, wenn eine konsequente Ausgabedisziplin eingehalten wird. Letztendlich ist der Saldo zwischen Einnahmen und Ausgaben entscheidend. Ein niedriges Einkommen ist vielfach gar kein Manko. In der täglichen Praxis zeigt sich immer wieder, dass Bezieher kleinerer oder mittlerer Einkommen (erstaunlicherweise) häufig größere Sparbeträge ansammeln als Topverdiener. Dem entspricht auf der anderen Seite, dass Besserverdienende ihre Kreditrahmen auf Bankkonten überdurchschnittlich oft in Anspruch nehmen.

Auf der rechten Seite der Modell-Haushaltsrechnung sind die Ausgabepositionen der Musterfamilie bzw. des Mustersingles ausgewiesen. Keine Sorge – die Zielerreichung der Floating Time wird nicht dadurch gefährdet, bestimmte Ausgabenpositionen in ihrer Höhe nicht einhalten zu können. So wird der passionierte Fernurlauber sicherlich protestieren, wenn er sieht, dass die Ausgaben für Touristik in der Haushaltsrechnung mit monatlich lediglich 390,– DM angesetzt werden. Dies entspricht einem jährlichen Ausgabebetrag in Höhe von 4.680,– DM. Er sollte kein schlechtes Gewissen haben, sein Hobby über diese Betragsgrenzen hinaus auszudehnen. Kommt er allerdings aus dem Urlaub nach Hause, ist es nicht empfehlenswert, auch in weiteren Konsumbereichen überdurchschnittliche Ausgaben zu tätigen. Auf allen Hochzeiten kann er nicht tanzen. Dagegen wird ein Ausgleich überdurchschnittlicher Urlaubskosten durch Reduzierung einer anderen Ausgabenposition ohne weiteres möglich sein.

Die Ausgabenpositionen

Struktur der Ausgaben des privaten Verbrauchs
(in Prozent)

	Paar ohne Kind	Paar mit Kindern	Single
Nahrungsmittel, Getränke Tabakwaren	12,9	15,8	13,9
Bekleidung und Schuhe	5,3	5,9	5,5
Wohnen, Energie, Instandhaltung	31,8	31,1	32,5
Innenausstattung, Haushaltsgeräte, Gegenstände	7,3	7,0	7,0
Gesundheitspflege	4,6	2,9	3,7
Auto/Verkehr	14,2	15,0	13,7
Nachrichtenübermittlung	2,2	2,0	2,5
Freizeit, Kultur, Unterhaltung	12,2	11,1	11,9
Bildung	0,3	0,8	0,5
Beherbergungs- und Gaststätten–Dienstleistung	5,3	4,0	4,7
andere Waren und Dienstleistungen	3,9	4,4	4,2
Privater Verbrauch gesamt	100	100	100

(Die aufgeführten Prozentzahlen des Statistischen Bundesamtes in Wiesbaden dienen als Anhaltspunkt, um die Verbrauchswerte in der Modell-Haushaltsrechnung festzulegen.)

Auf der Ausgabenseite sind die **Kosten für zwei Kinder** separat ausgewiesen. Ein Paar ohne Kinder braucht diese Position lediglich zu streichen, um den Einnahme-Überschuss einer kinderlosen Modellfamilie zu ermitteln.

Versicherungen: Dem privaten Risikomanagement sollte eine nicht zu geringe Beachtung geschenkt werden. Noch immer werden die Folgen einer Berufsunfähigkeit unterschätzt. Nachholbedarf besteht auch bei der Absicherung der Familie, wenn durch frühen Tod des Hauptverdieners das maßgebende Einkommen wegfällt. Mit einer Berufsunfähigkeits- und Risikoversicherung können die beiden genannten Risiken abgedeckt werden.

Kredite – zugreifen, wenn es sich lohnt

Die Konsumentenkredite werden von den Banken oder Einzelhändlern auch als Verbraucherdarlehen, Ratenkredite, Leichtkaufmöglichkeiten oder Allzweckdarlehen bezeichnet. Den Krediten ist eines gemeinsam: Sie sind nicht zweckgebunden wie etwa Baufinanzierungen, sondern können zur Erfüllung eines beliebigen Konsumwunsches dienen. Zumeist werden sie zur Überbrückung kurz- und mittelfristiger Geldnöte in Anspruch genommen. Mittlerweile belaufen sich die durchschnittlichen Zinszahlungen pro Haushalt auf 1.050,– DM jährlich. Beworben werden die Konsumentenkredite mit werblichen Aussagen wie »Erfüllen Sie sich Ihre Träume« oder »Jetzt Gelegenheiten sofort nutzen«. Das Zahlen in monatlichen Raten gewann in der Bundesrepublik Deutschland in den letzten Jahren ständig an Bedeutung. Während die Einzelhandelsumsätze in den meisten Branchen eher stagnierten, stiegen die Finanzierungsumsätze und somit auch ihr Anteil am Gesamtumsatz kontinuierlich an. Kritische Stimmen werden laut. Sie warnen vor einer Schuldenspirale, die sich immer weiter nach oben dreht.

Es kann für Sie in bestimmten Situationen durchaus zweckmäßig sein, Finanzierungen in Anspruch zu nehmen. Dies hängt mit dem intensiven Preiswettbewerb der Händler zusammen, der auch im Bereich der Zinssätze ausgefochten wird. So sanken die Zinsen für Ratenkredite in den vergangenen vier Jahren um etwa vier Prozentpunkte. Selbst bei längeren Laufzeiten (oberhalb von 36 Monaten) werden von vielen Handelsunternehmen, die in der Regel mit Banken kooperieren, Zinssätze unterhalb von 10% effektiv (inkl. der Gebühren) angeboten. Die Stiftung Warentest ermittelte einen Durchschnittszinssatz von 9,59% effektiv. Bei Laufzeiten bis zu 24 Monaten sind noch günstigere Konditionen anzutreffen. Im Kfz-Markt (ca. 65% Marktanteil), im Möbelmarkt oder im Techniksektor (Computer, Hifi, Fernseher etc.) wird immer häufiger mit einem 1,9%igen Effektivzinssatz geworben. Der (Kredit-)Hai wird jetzt für die Endverbraucher zum äußerst delikaten Speisefisch. Die Topkonditionen werden allerdings nur bei kurzen Laufzeiten angeboten. Denn bei längeren Laufzeiten steigt der Subventionsanteil überproportional. Bei einem werblich herausgestellten Zinssatz von 1,9% effektiv würden den Händlern bei einer Laufzeit von 72 Monaten knapp 16% des Verkaufspreises von den Banken abgezogen. Bei zwölf Monaten ist nur ein Abzug von 2,5% zu berücksichtigen, der sich gerade in Skontohöhe bewegt. Um aus dem finanzierungsbezogenen Preiskampf der Händler einen Vorteil zu ziehen, ist Folgendes entscheidend: Ein Zinssatz von 0,9%, 1,9% oder 2,9% ist so günstig, dass Sie als ökonomisch handelnder Konsument gar nicht umhin können, ihn in Anspruch zu nehmen. Dies sollte aber nur bei denjenigen Konsumausgaben geschehen, die ohnehin von Ihnen getätigt worden wären – entweder mit frei verfügbaren oder mit aufgenommenen Mitteln im Zuge einer Finanzierung.

Der Kreis der dafür in Betracht kommenden Güter beschränkt sich nicht nur auf die unvermeidbaren Anschaffungen wie den Kauf einer neuen Heizung. Einzubeziehen sind in westlichen Industrieländern auch der Erwerb eines Autos oder eines TV-Geräts sowie die Ausgaben für den Hobbybereich. Der Floater ist vielseitig interessiert und nimmt entsprechend hohe Kosten dafür in Kauf. Eventuell können die Ausgaben für Aktivitätsbereiche anfallen, die sich bis zum Beginn der Floating Time zu einer selbstständigen Tätigkeit entwickeln und somit Investitionen darstellen. Allerdings sei nochmals betont: Drei oder vier kostspielige Hobbys wird sich der Floater nicht leisten können, wenn er das Ziel der frühzeitigen Beendigung der Berufstätigkeit erreichen möchte. Ein begrenzter Konsumverzicht ist die Voraussetzung. Verleiten Finanzierungen dazu, den Kreis der erworbenen Konsumgüter »unnötig« auszudehnen, dreht sich in der Tat die Schuldenspirale auch bei niedrigen Zinssätzen nach oben. Es entstehen die Folgen, vor denen die Verbraucherverbände warnen. Bei den Gütern, die ohnehin erworben worden wären, ist es dagegen zweckmäßig, die Finanzierungen z. B. mit 0,9% in Anspruch zu nehmen. Dies wird Ihre finanzielle Situation verbessern. Sie zahlen 0,9% jährliche Sollzinsen und legen das dadurch frei verfügbare Geld zum Beispiel in Aktienfonds mit 10% jährlicher Durchschnittsrendite an. Zu berücksichtigen sind 2% entgangener Skontoabzug, der bei Krediten nicht gewährt wird. Zudem sind Preisrabatte – sofern aushandelbar – gegenzurechnen, auf die sich der Händler nur bei Barzahlung einlassen würde. Vielleicht gelingt es Ihnen aber auch, zunächst den Preis zu verhandeln und anschließend den attraktiven Konsumentenkredit in Anspruch zu nehmen.

In weiten Bevölkerungskreisen und auch bei den Verkäufern im Handel herrscht häufig noch die Ansicht vor, dass es sich bei Finanzierungskunden um »klamme« Käufer handelt, die den Ratenkredit bitter nötig haben. Dagegen verfügt der Floater aufgrund seiner Ersparnisse ohne weiteres über genügend Geld, um die Güter bar kaufen zu können. Er wird dies allerdings bewusst in den oben beschriebenen Fällen nicht tun. Sind die Renditen seiner Anlage höher als die Zinssätze der Finanzierung zzgl. Skonto und etwaiger Rabatte, wird er sich stets für die Finanzierung entscheiden. Dies wird in Anbetracht der gegenwärtig angebotenen Niedrigstzinsen im Handel nicht selten der Fall sein. Zinssätze von 2,9 % oder weniger sind letztendlich nichts anderes als Preisnachlässe in anderer Form und werden daher auch von den Wettbewerbsbehörden misstrauisch beäugt (Stichwort: Rabattgesetz). Für die Verbraucher wirkt sich die intensive Konkurrenzsituation positiv aus. Das Pendel dürfte gerade in einer Situation in Richtung Finanzierung ausschlagen: Ihre Aktien oder Aktienfonds befinden sich momentan in einem tiefen Tal. Sie wissen allerdings, dass sich die Kurse zumeist schnell wieder erholen und es sogar Sinn macht, in dieser Börsensituation nachzukaufen. In Anbetracht der günstigen Einstiegskurse wäre es unvorteilhaft, etwaige 1,9 % des Händlers auszuschlagen. Selbst wenn der Aktienmarkt nicht drehen sollte, hätten Sie sich nicht mehr aufgebürdet als die Niedrigst-Sollzinsen für einen kurzfristigen Zeitraum. Bei einem Betrag von 5.000,– DM fallen in zwölf Monaten gerade einmal 51,– DM Zinsen und Gebühren an. Das Chancen-Risiko-Profil bei einem Aktienmarkt mit niedrigen Kursen schlägt eindeutig zugunsten der Renditechancen aus.

Fazit: Der Floater, der die werblichen Finanzierungsangebote der Händler nutzt, ist kein »klammer« Kunde, sondern in vielen Fällen ein abwägender rationaler Konsument, der mit seinen Anlagen höhere Rendite als die Sollzinsen der Kredite erwirtschaftet.

Der Konsum wird immer anspruchsvoller

Vergleicht man den Wandel der Konsumausgaben im Zeitverlauf, wird eines deutlich: Der Anteil des Grundbedarfs etwa für Nahrungsmittel, Getränke sowie Bekleidung und Schuhe ist rückläufig.

	1984	1998
Nahrungsmittel/Genussmittel	23,4 %	15,8 %
Bekleidung/Textilien	7,9 %	5,9 %

Die Erklärung ist einleuchtend: Sobald Konsumenten erst einmal ihren Grundbedarf gedeckt haben, wachsen die Ausgaben dafür bei steigendem Einkommen nur noch unterproportional. Diese grundsätzliche Tendenz wurde bereits im 19. Jahrhundert entdeckt und findet sich im Engel-Schwabeschen-Gesetz (1860) wieder. Für die Konsumenten ist diese Entwicklung mit positiven Effekten verbunden. Schließlich können sie ihr Geld in zunehmendem Maße für die schönen Dinge im Leben ausgeben, die über die reinen Grundbedürfnisse hinausgehen. So stieg z. B. der Anteil der Kostenposition »Freizeit, Kultur und Bildung« innerhalb des Haushaltsbudgets in den letzten Jahren um über 30 % an.

	1984	1998
Freizeit, Unterhaltung, Kultur, Bildungswesen	9,0 %	11,9 %

Und auch beim Bekleidungskonsum spielt der Schutz vor Witterungseinflüssen als Kaufargument eine immer geringere Rolle. Einen Anzug oder Blazer kauft man sich heute eher wegen modischer Veränderungen oder anlassbezogen, z. B. für den Businessbereich oder für Feierlichkeiten. Kleider machen schließlich Leute und unterstützen die Abhebungsbedürfnisse.

Zurück zur Modell-Haushaltsrechnung: Die Einhaltung der angegebenen Ausgabegrenzen hat keine asketische Lebensweise zur Folge. Dies wird auch bei einem Vergleich mit verbrauchsbezogenen Kostenansätzen von Banken deutlich. So legen Kreditinstitute im Zuge ihrer Kreditwürdigkeitsprüfungen geringere Gesamtausgaben zugrunde, als dies in der Modell-Haushaltsrechnung der Fall ist. Vielfach wird vereinfachend eine Sammelposition »Lebenshaltungskosten« gebildet. Dazu gehören die Ausgaben für Innenausstattung, Auto (Verkehr), Nahrungsmittel oder Bekleidung und Textilien. Üblicherweise werden von den Kreditinstituten 40% der Gesamteinnahmen für die Lebenshaltungskosten angesetzt. Bei einem Vergleich zeigt sich nun, dass die vorliegenden Modell-Haushaltsrechnungen in allen drei Lebensphasen stets höhere Gesamtausgaben ausweisen als die banküblichen Verfahren. Diese führen auch nur die Mietkosten und die Kosten für die Kinder separat auf. Aufgrund des Mengengeschäfts im privaten Kreditbereich ist eine weitere Differenzierung auch gar nicht zweckmäßig. Mit der 40-Prozent-Regel treffen die Banken erforderliche Prämissen, die in den seltensten Fällen mit den tatsächlichen Verbrauchswerten eines einzelnen Haushalts übereinstimmen, wohl aber bei Betrachtung von einer Vielzahl von Haushalten im Durchschnitt zutreffend sind. Für die Genauigkeit der Kreditwürdigkeitsprüfungen der Banken spricht, dass sie auf exakten finanzmathematischen Kalkülen beruhen. Schließlich wissen die Kreditinstitute genau, wie hoch die Ausfallquoten (nicht zurückgezahlte Kredite) sein dürfen, um eine ausreichende Rendite zu erzielen. Die gute Ertragslage der Banken verdeutlicht, dass die weit überwiegende Anzahl der Kreditnehmer offensichtlich in der Lage ist, die monatlichen Kreditraten – trotz relativ niedrig angesetzter Ausgabepositionen – zu bewältigen. Dadurch finden die Kreditwürdigkeitsprüfungen ihre Bestätigung. Dass in den vorliegenden Modell-Haushaltsrechnungen ein höheres Ausgabenniveau angesetzt wird, entspricht einem ausgeprägten Vorsichtsprinzip. Wird de facto von den Haushalten weniger als angenommen konsumiert, ermöglicht dies einen höheren Sparbetrag. Die positive Folge: Die Floating Time wird frühzeitiger erreicht.

Ihre persönliche Haushaltsrechnung

Ihre eigenen Einnahmen und Ausgaben werden sicherlich nicht den Floater-Modellangaben entsprechen, die sich an Durchschnittswerten der Gesamtbevölkerung orientieren. Um zu einem genauen persönlichen Resultat zu gelangen, ist es am besten, wenn Sie Ihre eigene Haushaltsrechnung aufstellen.

Einnahmen pro Monat	
Einkommen erster Einkommensbezieher	________ DM
Einkommen zweiter Einkommensbezieher	________ DM
Urlaubsgeld, Erfolgsbeteiligungen, Tantiemen	________ DM
Kindergeld	________ DM
Kapitalerträge	________ DM
sonstige Einnahmen Eink. aus selbstständigerArbeit, Vermietung, Nebenberuf usw.	________ DM
Unterhalt	________ DM
Gesamteinnahmen	________ **DM**

Ausgaben pro Monat	
Lebensmittel, Nahrung, Trinken	________ DM
Wohnen Miete, Energie, Telefon etc.	________ DM
Freizeit, Kultur, Hobbys, Soziales	________ DM
2 Kinder Zusatzausgaben	________ DM
Bekleidung, Textilien	________ DM
Kfz Steuern, Benzin, Versicherung	________ DM
Reisen/Touristik	________ DM
Haushaltsgeräte, Mobilar	________ DM
Raten Baufinanzierung	________ DM
Raten Konsumenkredite	________ DM
Versicherungen außer Kfz	________ DM

Unterhaltszahlungen	________	DM
sonstige Ausgaben	________	DM
Sicherheitsreserve	________	DM
Gesamtausgaben	________	**DM**
Gesamteinnahmen	________	DM
abzüglich Gesamtausgaben	________	DM
= Einnahme-Überschuss	________	**DM**

Aufgrund persönlicher Bedürfnisstrukturen setzt nahezu jede Familie die Einnahme- oder Ausgabepositionen in unterschiedlicher Höhe an und wird dabei auch Unterschiede zu den Werten in der Modell-Haushaltsrechnung feststellen. Weichen Ihre eigenen Zahlen von einzelnen Durchschnitts-Verbrauchswerten nach oben stark ab, kann ein Kosteneinsparpotenzial sichtbar werden. Es ist dann empfehlenswert, die betreffende Position auf den Prüfstand zu stellen.

900,– DM im Monat: Ihr Start zur Floating Time

Der Einnahme-Überschuss in der Modell-Hauhaltsrechnung resultiert aus der Differenz zwischen Gesamteinnahmen und Gesamtausgaben. Dem Gebot der Vorsicht entspricht, eine Sicherheitsreserve für unerwartete Ereignisse vorzusehen. Wird diese vom erzielten Überschuss abgezogen, erhalten Sie den monatlichen Sparbetrag.

Um die Floating Time und damit den Berufsausstieg mit 50 zu erreichen, ist ein monatlicher Sparbetrag von 900,– DM ab dem 26. Lebensjahr erforderlich.

Die Erträge werden nicht ausgeschüttet, sondern sofort wieder angelegt (thesauriert). Nach 25 Jahren resultiert ein Kapital, das groß genug ist, um mit den Zinsen den überwiegenden Teil des

Lebensunterhalts zu decken und somit die Altersversorgung sicherzustellen. Erfolgt der Einstiegszeitpunkt in das Floating-Konzept nicht zu Beginn des 26. Lebensjahres, ist zu überprüfen, ob z. B. die Ersparnisse eines 35-Jährigen den »Zwischenkapitalständen« des Modell-Floaters zum jeweiligen Zeitpunkt entsprechen (siehe »Knockin' on heaven's door«, Seite 49). Das Tor zur Floating Time steht jedenfalls für viele Altersgruppen offen.

Nach dem »Drei-Säulen-Modell« beruht die Alterssicherung auf der privaten, der gesetzlichen und der betrieblichen Altersvorsorge. Die beiden Letztgenannten befinden sich in der Krise, da die Bevölkerung einem enormen Alterungsprozess unterworfen ist bzw. immer weniger Unternehmen bereit sind, für ihre Mitarbeiter Betriebsrenten zu zahlen. Es verbleibt die private Altersvorsorge als einzige tragende Säule, die mit monatlich 900,– DM fester Bestandteil des Floating-Konzepts ist. Gegenwärtig sorgen zwar bereits zwei Drittel der Bevölkerung in der Bundesrepublik privat für das Alter vor, allerdings werden durchschnittlich nur rund 300,– DM aufgewendet. Wenn Sie die folgenden Seiten aufmerksam verfolgen, werden Sie feststellen, dass eine Anhebung der monatlichen Sparrate auf 900,– DM für viele Haushalte mit unterschiedlichen Einkommenniveaus durchaus realisierbar ist.

Wichtig ist, dass bereits existierende monatliche Sparraten wie vermögenswirksame Leistungen oder Beiträge zu Kapitallebensversicherungen von dem Ziel-Sparbetrag in Abzug zu bringen sind. Ob dies zu 100% möglich ist, hängt von der Verzinsung der Anlage ab, worauf noch einzugehen sein wird (Stichwort: Umschichtung). Um zu einer praktikablen Lösung zu gelangen, ist es zweckmäßig, 80% als erste Annäherung anzusetzen. Beispiel: Wenn Sie gegenwärtig 250,– DM ansparen, können 200,– DM in Abzug gebracht werden. Einzubeziehen sind bei Immobilienbesitzern auch die Tilgungen für Ihr eigenes Zuhause. Schließlich stellen Immobilien die klassische Anlage für die Altersversorgung dar.

Gehen wir von dem Fall aus, dass Sie selbst bei größerem Konsumverzicht den erforderlichen Einnahme-Überschuss in Höhe von 900,– DM nicht erreichen. Ist damit das Ziel der Floating Time bereits nicht mehr realisierbar? Keineswegs. Die Eintragungen in Ihre persönliche Haushaltsrechnung (siehe vorseitige Blanko-Tabelle) sind zunächst lediglich eine Auskunft über Ihren finanziellen Status quo. Dass Sie zukünftig an der Gehalts- bzw. Lohnschraube drehen können, ist oben bereits erwähnt worden. Im Gegensatz zu den meisten anderen Berufstätigen verfügen Sie zudem über eine eindeutige Zielvorstellung und werden alle Hebel in Bewegung setzen, um den Ausstieg im Alter von 50 Jahren doch noch zu erreichen. Beispielsweise lässt sich mit einer nebenberuflichen Tätigkeit eine etwaige Zielabweichung ausgleichen. Sollten trotz aller Anstrengungen keine Lösungen in Sicht sein, ist also weder die Einnahmeseite nachhaltig zu steigern noch die Ausgabeseite in ausreichendem Maß zu reduzieren, verbleibt zur Korrektur immer noch ein Faktor: die Rendite Ihrer Kapitalanlage. Die Ausführungen werden Ihnen zeigen, wie Ihr Vermögen drastisch wächst, wenn sich die Durchschnittsrendite Ihrer Anlage nur um wenige Prozentpunkte steigern lässt. Die Kehrseite der Medaille liegt in dem geringfügig gestiegenen Risiko, zu dem Sie bereit sein müssten.

Ein Fall, der sich tatsächlich zugetragen hat, macht Mut: Ein norwegischer Postbote hat im Jahre 1991 sein Kindergeld als dreifacher Vater in Aktien angelegt, insgesamt umgerechnet 10.000,– DM und ist zehn Jahre später 36-facher Millionär geworden. Dieses ist sicherlich ein Extrembeispiel – aber es verdeutlicht, dass man die Flinte nicht zu schnell ins Korn werfen sollte. Es macht selbst dann keinen Sinn, wenn Sie bereits mit an Sicherheit grenzender Wahrscheinlichkeit die Floating Time im Alter von 50 Jahren nicht erreichen werden. Da Sie (hoffentlich) früh damit begonnen haben, die monatlichen Sparbeträge klug anzulegen, profitieren Sie in jedem Fall von dem Floating-Konzept. Vielleicht ist auch nur eine kleine zeitliche Verschiebung zu berücksichtigen. Es stellt sicherlich keinen Beinbruch dar, wenn der Ausstieg aus dem Berufsleben erst (!) mit 53 möglich sein sollte. Zu sehr ist ohnehin nicht auf die 50 Jahre abzustellen, die zwar realistisch sind, aber letztlich nur einen etwas »magischeren« Alterszeitpunkt bilden – wie alle Lebensalter, die mit einer Null enden. Weiterhin könnte ein Erbe zu unerwarteten Einnahmen führen. Allerdings wird in keiner Modell-Haushaltsrechnung der Nachlass z. B. der Eltern als zusätzliche Einnahmequelle ausgewiesen. Das neue Konzept beruht darauf, dass der Floater sein Ziel aus eigener finanzieller Kraft erreicht. Dennoch spricht nichts dagegen, ein Erbe einzubeziehen. Eine weitere Lösung bei einem nicht ausreichenden Endkapital kann sich aus den kosmopolitischen Neigungen des Floaters ergeben: Ist schon immer damit geliebäugelt worden, die Zeit nach der Erwerbstätigkeit im Ausland zu vollbringen, sind beispielsweise nur ca. 20.000,– DM pro Jahr erforderlich, um in Thailand den Unterhalt einschließlich Essen und Trinken zu bestreiten. Die Messlatte kann also deutlich niedriger angesetzt werden als beim »Inlands-Floater«, dessen Einnahme-Ausgabe-Situation als Regelfall in den Modell-Haushaltsrechnungen zugrunde gelegt wurde.

Das Kapital wächst und wächst und ...

Haben Sie eine Vorstellung davon, auf welches Endkapital ein konstanter monatlicher Sparbetrag im Laufe der Zeit anwächst? Der Zins- und Zinseszins-Effekt hat eine »wundersame« Vermehrung Ihres Kapitals zur Folge. Deutlich wird dies anhand der Faktoren in der folgenden Tabelle.

Faktorentabelle zur Ermittlung des Endkapitals bei monatlichen Sparraten

Laufzeit in Jahren	**Rendite in %**											
	1	**2**	**3**	**4**	**5**	**6**	**7**	**8**	**9**	**10**	**11**	**12**
5	1,0257	1,0590	1,0720	1,1066	1,1348	1,1637	1,1933	1,2236	1,2545	1,2862	1,3186	1,3517
10	1,0519	1,1068	1,1649	1,2265	1,2916	1,3605	1,4335	1,5107	1,5924	1,6788	1,7702	1,8670
15	1,0789	1,1653	1,2600	1,3637	1,4772	1,6017	1,7381	1,8877	2,0516	2,2312	2,4282	2,6441
20	1,1069	1,2280	1,3653	1,5210	1,6977	1,8985	2,1267	2,3861	2,6811	3,0166	3,3984	3,8327
25	1,1355	1,2960	1,4867	1,7138	1,9850	2,3100	2,7002	3,1701	3,7371	4,4230	5,2538	6,2628

Quelle: »Finanztest« 12/99; eigene Berechnungen

Ein Beispiel

Sie investieren 15 Jahre lang in eine Vermögensanlage und erzielen dabei eine Durchschnittsrendite von 10 %. Aus der Tabelle entnehmen Sie bitte den Faktor 2,2312. Die monatliche Sparrate beträgt 500,– DM. Im nächsten Schritt wird die Gesamtsumme Ihrer Einzahlungen berechnet:

15 Jahre × **12 Monate** × **500,– DM** = **90.000,– DM**

Diesen Betrag multiplizieren Sie einfach mit dem zuvor ermittelten Faktor:

90.000,– DM × Faktor **2,2312** = **200.808,– DM**

Jubeln Sie in Anbetracht des beträchtlich angewachsenen Kapitals nicht zu früh. Dieser Betrag steht Ihnen zwar bei zutreffender Renditeerwartung tatsächlich am Ende der 15 Jahre zur Verfügung. Allerdings handelt es sich dabei um einen nominalen Wert, der einer Abzinsung in Inflationshöhe bedarf, um Kaufkraftverluste auszugleichen. Bei einer Inflationshöhe von 2% sind die 200.808,– DM nach heutiger Kaufkraft »lediglich« 149.200,– DM wert. Um dieses »Zerrbild« zu vermeiden, sind in der Modell-Haushaltsrechnung alle angegebenen Einnahme- und Ausgabepositionen mit heutiger Kaufkraft bewertet. Da die erste Lebensphase 25 Jahre andauert, bedeutet dies: Zum Start des Floating-Konzepts im Jahre 2000 betragen z.B. die Ausgaben für Bekleidung 400,– DM; ein Vierteljahrhundert später belaufen sie sich bei Annahme einer 2%igen Inflationsrate auf ca. 650,– DM. Alle ausgewiesenen Kosten werden innerhalb dieses Betrachtungszeitraums um nahezu zwei Drittel nominal steigen. Wachsen Ihre Einnahmen ebenfalls im Inflationstempo (realer Einkommenserhalt), erhöhen sich im gleichen Ausmaß Ihre Überschüsse und somit auch die monatlichen Sparbeträge. Real, d.h. inflationsbereinigt, bleiben aber alle Werte über die Jahre hinweg immer gleich. Die 1.450,– DM monatlicher Sparbetrag am Ende der ersten Lebensphase stellen daher keine größere Belastung dar als die erste Sparrate in Höhe von 900,– DM. Bliebe der Inflationsmechanismus unberücksichtigt, würden Sie in 25 Jahren nach heutiger Kaufkraft nur noch knapp 550,– DM pro Monat ansparen. Und das, obwohl sich Ihre Einkommenssituation mit fortschreitender Berufsdauer und nach Bewältigung der größten Ausgabebelastungen (Kinder, Baufinanzierung etc.) voraussichtlich verbessert haben dürfte. Die monatlichen Sparpläne von Kreditinstituten, die das Endkapital bei gleich bleibenden monatlichen Raten berechnen, sind bei längeren Laufzeiten dagegen wenig aussagefähig. Es wird ein Endkapital ermittelt, das am Sparende bei weitem nicht mehr der heutigen Kaufkraft entspricht. Es empfiehlt sich daher, möglichst jährlich die Sparraten an die Inflationshöhe anzupassen. Wenn dies berücksichtigt wird, ergeben sich folgende monatlichen Sparbeträge:

Höhe der monatlichen Sparrate in den 25 Jahren bis zur Floating Time

	Start der Sparphase	im 5. Jahr	im 10. Jahr	im 15. Jahr	im 20. Jahr	im 25. Jahr
mtl. Sparrate	900,- DM	974,- DM	1076,- DM	1188,- DM	1.311,- DM	1448,- DM

Annahme: 2 % inflationsbedingte Steigerung pro Jahr

Der Zinseszins-Effekt macht es möglich: Die folgende Tabelle zeigt die wundersame Vermehrung Ihres Vermögens bei einer anfänglichen monatlichen Sparrate von 900,- DM auf.

Modell-Floater, Start im Alter von 25 Jahren, anfänglicher monatlicher Sparbetrag 900, - DM, Durchschnittsrendite: 10 %

	nach 5 Jahren (im Alter von 30)	nach 10 Jahren (im Alter von 35)	nach 15 Jahren (im Alter von 40)	nach 20 Jahren (im Alter von 45)	nach 25 Jahren (im Alter von 50)
Endkapital nach einer bestimmten Laufzeit	73.064,- DM	196.741,- DM	404.152,- DM	747.276,- DM	1.308.435,- DM

Hinweis: Es ist davon ausgegangen worden, dass die monatlichen Sparbeträge jährlich um 2 % steigen (Inflationsausgleich).

Von den Zinsen des nach 25 Jahren angesparten Endkapitals in Höhe von ca. 1.308.000,- DM lebt der Floater fortan. Sie stellen – wie wir in der Modell-Haushaltsrechnung sehen werden – seine primäre Altersvorsorge dar. Allerdings wissen wir bereits aus den vorangegangenen Ausführungen, dass der in 25 Jahren zur Verfügung stehende Betrag abgezinst werden muss, um ihn an die heutige Kaufkraft anzupassen:

Real (in heutiger Kaufkraft bewertet) steht dem Floater im Alter von 50 Jahren ein Endkapital von 797.500,- DM zur Verfügung.

Knockin' on heaven's door

Es ist bereits darauf hingewiesen worden, dass die Tür zur Floating Time auch für Seiteneinsteiger offen steht, die erst später als mit 25 Jahren das neue Lebenskonzept verfolgen.

	als 25-Jähriger	als 30-Jähriger	als 35-Jähriger	als 40-Jähriger	als 45-Jähriger	als 50-Jähriger (Floating Time erreicht)
Erforderliches Kapital, um die Floating Time im Alter von 50 zu erreichen	0,00,– DM	64.280,– DM	155.781,– DM	286.029,– DM	471.430,– DM	797.531,– DM

Beispiel: Wer als heute 40-Jähriger in das Floating-Konzept einsteigt, erreicht genau wie der Modell-Floater im Alter von 50 Jahren sein Ziel, die Berufstätigkeit zu beenden, sofern er ein Kapital von ca. 286.000,– DM angespart hat. Darüber hinaus ist zu beachten: Zum gegenwärtigen Zeitpunkt ist die Renditehöhe der Anlageformen noch nicht von Belang. Die aktuellen Werte (Zeitwerte) von Immobilien, Kapitallebensversicherungen, festverzinslichen Wertpapieren, Aktien, Aktienfonds, Sparbriefen usw. können addiert werden. Ab diesem Zeitpunkt ist es allerdings von ausschlaggebender Bedeutung, dass die Vermögenswerte als Anlage eine 10%ige durchschnittliche Wertsteigerung p.a. erzielen. Nur dann werden auch in der Folgezeit ausreichende Zins- und Zinseszinserträge erwirtschaftet, um die Floating Time zu erreichen. Wie sich später zeigen wird, sind dazu bei weitem nicht alle Anlageformen geeignet.

Sag niemals nie

Schließlich sei nochmals darauf verwiesen: Wer an die »Himmelstür« anklopfen möchte, sollte sich möglichst in jungen Jahren auf den Weg dorthin machen. Wird nur drei Jahre später mit dem Sparen begonnen (im Alter von 28 Jahren), ohne dass zuvor Ersparnisse aufgebaut worden sind, ist bereits ein monatlicher Sparbetrag in Höhe von 1.182,– DM erforderlich. Dies ist eine Erhöhung der Sparleistung um über 30%. Aber selbst bei noch späteren Startzeitpunkten und »Mittellosigkeit« sind immer noch Lösungen denkbar: So können es der Zufall und das Anlagegeschick begünstigen, dass der Floater auf einen absoluten Outperformer an der Börse setzt. Wer beispielsweise 1997 Aktien vom Medienunternehmen EM-TV für 20.000,– DM erwarb, war im März 2000 fünffacher DM-Millionär. Und wer heute auf den Pharmakonzern setzt, der zukünftig das entscheidende Mittel gegen Aids oder multiple Sklerose auf den Markt bringt, wird selbst bei kleineren Einsätzen schon bald zum »Club der Reichen« gehören. Eine weitere Möglichkeit besteht selbstverständlich darin, ein beträchtliches Erbe zu erhalten oder einen Lottogewinn zu erzielen. Alle finanziellen Hürden könnten mit diesen Finanzspritzen übersprungen werden.

Wie ist eigentlich ein Erbe einzubeziehen, das für einen 40-Jährigen zu einem späteren Zeitpunkt zur Verfügung steht? Jetzt wird es etwas makaber. Das Durchschnittsalter eines deutschen Erben liegt bei 53 Jahren. Legen Sie diese Zahl zugrunde, ist die voraussichtliche Höhe des Erbes 13 Jahre lang (bis zum Alter von 40) mit der Zielrendite von 10% abzuzinsen, um Ihren gegenwärtigen »Kontostand« zu ermitteln. Die Finanzmathematiker sprechen hier vom Barwert. Auf der Annahme eines Erbfalles basiert das neue Lebenskonzept – wie bereits erwähnt – allerdings nicht. Vielmehr ist davon ausgegangen worden, aus eigener finanzieller Kraft, ohne Fremdmittel Dritter, die Floating Time zu erreichen. Und sollte dies im Alter von 50 Jahren nicht möglich sein, ist es sicherlich zu verschmerzen, z.B. erst mit 53 Jahren die Berufstätigkeit zu beenden und sich neuen, aktiven und selbstbestimmten Inhalten zu widmen. Dieses »verspätete Glück« wird auch einen Teil der Floater ereilen, deren tatsächlich erzielte Renditen unterhalb der vorgegebenen Messlatte von 10% liegen. Auf der anderen Seite wird es eine Vielzahl von Floatern geben, die bei Anwendung der Handlungsempfehlungen ihr Ziel schon weit früher erreichen werden.

Es ließe sich eine Vielzahl von weiteren Einzelberechnungen durchführen, die am Ende einen Zahlenfriedhof zur Folge hätten. An dieser Stelle soll darauf verzichtet werden. Wichtig ist, dass Sie bereits die klaren Umrisse Ihrer eigenen Chancen, die Floating Time zu erreichen, erkennen können. Und Sie wissen, dass es nicht nur einen einzigen Weg dorthin gibt, sondern eine Vielzahl von Möglichkeiten.

Mithalten beim Konsumterror?

Als überzeugter Floater mit einem »normalen« Einkommen werden Sie mit großer Wahrscheinlichkeit Ihre Konsumausgaben etwas senken müssen. Damit kann eine zunächst als unangenehm empfundene Situation in Ihrem sozialen Umfeld verbunden sein. Ihre Freunde, Ihre maßgebende Referenzgruppe, konsumieren in höherem Maß als Sie und tragen dies offen zur Schau. Die Situation verschärft sich noch, wenn sich der Floater von dem Konsumterror seiner Bekannten nicht mit dem Hinweis abwenden kann, einen Lebensstil aus dem alternativen Milieu zu pflegen, in dem Geld keine Rolle spielt. Schließlich setzt man die Insignien des Statusdenkens zumindest begrenzt selbst ein und verfügt über ein nicht unbeträchtliches Einkommen, ohne zu den Topverdienern zu gehören. Im Endeffekt können Sie allerdings auf den Konsumwettbewerb Ihrer Bekannten gelassen reagieren. Denn eines steht fest: Wer es sich leisten kann, erwirbt keine Statussymbole. Stattdessen haben Sie das bessere Ende in der zweiten Phase des neuen Lebenskonzepts vor Augen. Der Zeitraum bis dorthin ist überschaubar und die Entbehrungen werden von Ihnen in Kauf genommen, da Sie ein motivierter Floater sind. Bis zum Alter von 65 Jahren werden sich Ihre Freunde dagegen voraussichtlich noch in einem abhängigen Beschäftigungsverhältnis befinden. Stattdessen gehen Sie bereits als 50-Jähriger außerberuflichen Aktivitäten nach oder engagieren sich selbstständig in einem neuen Betätigungsfeld. Und gehören Ihre Freunde zu den Topverdienern, werden sie einen mehr oder weniger einseitigen Lebensentwurf verfolgen müssen, worauf noch einzugehen sein wird. Fragen Sie z. B. einmal die Frau eines Workaholic, wie sie sich in Anbetracht der vielen Abende allein zu Hause fühlt. Oder – wo ist Ihr Freund, wenn es darum geht, bereits die Vorrunden der nächsten Fußball-WM ausreichend zu zelebrieren?! Daher ist eine Einstellung hilfreich: Gönnen Sie gerade Ihren Freunden den (Schein-)Luxus und lehnen Sie sich ganz entspannt zurück. Die bessere Kondition und das bessere Ende werden Sie für sich in Anspruch nehmen.

Dennoch wird ein Konsumverzicht, wenn auch nur in eng abgestecktem Maß, insbesondere den jungen Floatern zu schaffen machen. Die Jugend ist seit den Siebzigerjahren kontinuierlich karrierebewusster, pragmatischer und angepasster geworden. Es entstanden keine großen, verbindenden Ideale mehr, die die 68er-Generation noch zusammenschweißten. Und fehlen Inhalte, gewinnen stets Oberflächen an Bedeutung: Das Äußere und Reale wird wichtiger. Ob man möglichst günstig einkauft, ist nicht von Belang – aber was man einkauft, wird zum Vorzeigesymbol. Eine ästhetische Konsumkultur wird den jungen Heranwachsenden bereits im Fernsehen vermittelt. Anstatt Politik oder Allgemeinwissen dominieren in den Massenmedien Pop und Markenprodukte, die Lifestyles prägen. Die Entscheidung, ob ein Tommy-Hilfiger-Produkt einem Bekleidungsteil von Calvin Klein vorzuziehen ist, wird hochstilisiert und erlangt einen Stellenwert, der an Absurdität grenzt.

Aufgrund der oben aufgezeigten Entwicklungen fällt es insbesondere vielen jungen Menschen schwer, einen Konsumverzicht zu üben. Bis zum 26. Lebensjahr ist aber noch genügend Zeit, um eine Korrektur vorzunehmen, zumal das Floating-Konzept nur einen begrenzten Verbrauchsverzicht nahelegt. Und ist es für eine vernunftbegabte und intelligente Person nicht unwürdig, wenn sie einen Schwerpunkt ihrer Zeit mit oberflächlichen Konsumentscheidungen verbringt? Über Trends informiert zu sein ist wichtig; das kennzeichnet den modernen Menschen. Aber darüber seine Individualität zu definieren, ist inhaltsleer. Falls Sie auch dem Kult des schicken Scheins verfallen sind, möchten wir Sie bitten, einmal in Ruhe zu reflektieren: Wie viele unnütze Konsumgüter sind bereits erworben worden? Und auf der anderen Seite: Was wünscht man sich wirklich? Ist die Floating Time ab 50 mit ihren unendlichen Entfaltungsmöglichkeiten nicht ein faszinierender Ausblick?

Die Luft an der Unternehmensspitze ist dünn

In der Regel steigen die Einkommen mit fortschreitender Berufsdauer. Allerdings werden die Berufseinsteiger von heute nicht mehr die gleichen Zuwachsraten verzeichnen können. Bei den Eltern erfolgte das Ausscheiden aus dem Erwerbsleben im Regelfall mit dem Lebens-Höchsteinkommen. Zukünftig wird häufig eine andere Entwicklung zu beobachten sein. Ungefähr in der Mitte des Berufslebens wird das Spitzeneinkommen erreicht werden. Inwieweit eine Steigerung ab diesem Lebensalter überhaupt noch möglich ist, hängt davon ab, ob man sich dazu entschließt, selbstständig zu werden – mit allen Risiken –, oder es gelingt, Einzug in die Topetage zu halten. Dort ist die Situation dann äußerst komfortabel. Ein nicht ganz ernst gemeinter Unternehmensleitsatz lautet: Der Vorstand hat immer Recht und wenn er einmal nicht Recht hat, sind die Umstände schuld. Allerdings sitzt im Vorstand oder in der Geschäftsleitung stets nur eine äußerst begrenzte Anzahl von Personen. Jeder, der sich in seiner Firma umschaut, wird eine Vielzahl von Anwärtern für die Toppositionen antreffen. Und realistisch betrachtet, sind diese nicht weniger qualifiziert und einsatzbereit als man selbst. Vielfach wird man sich auch bewusst in seiner Karriere zurücknehmen, da gerade die letzte Sprosse der Leiter von Personen erklommen wird, die nicht selten einen zu intensiv ausgeprägten Arbeitsdrang und eine übersteigerte Geltungssucht verspüren. Die Balance zwischen Berufs- und Freizeitleben ist bei ihnen gefährdet. Eine derart starke Konzentration auf das Berufsleben ist sicherlich kritisch zu beurteilen. Allerdings kann dadurch ein anderes Lebenskonzept zum Ausdruck kommen, mit dem der betreffende Personenkreis glücklich ist. Es gibt eine Reihe von Menschen, die bis ins hohe Lebensalter hinein zufrieden tätig sind und überhaupt nicht den Drang verspüren, neuen, außerberuflichen Tätigkeitsfeldern nachzugehen. Ihr Beruf ist ihre Berufung. Zumeist bekleiden sie Positionen, die Abwechslungsreichtum bieten und nicht langweilig oder stupide sind. So sind sie auch nach dem Rentenalter weiter für die Firma als Berater tätig oder werden selbstständig und arbeiten ggf. bis zum letzten Atemzug in vollster Zufriedenheit. Wahrscheinlich hat der bekannte Börsenguru André Kostolany seine bis ins hohe Alter reichende Vitaliät nur durch eine permanente arbeitsbezogene Motivierung erzielen können.

Obwohl die Topetage aus finanzieller Sicht geradezu prädestiniert zu sein scheint, die Berufstätigkeit frühzeitig zu beenden, werden diese Personen psychisch am wenigsten dazu in der Lage sein. Dieser Personenkreis weiß häufig aufgrund fehlender außerberuflicher Aktivitäten wenig mit seiner Freizeit anzufangen. Sechzig oder siebzig Stunden Wochenarbeitszeit, ständige Reisen und permanente Erreichbarkeit für die Firma, auch an Wochenenden, hinterlassen deutliche Spuren und sind typisch für Extrem-Berufskarrieristen. Aus einer Untersuchung geht hervor: Viele deutsche Führungskräfte neigen zu einer traditionellen Arbeitsmoral. Sie bekennen sich dazu, dass ihnen ihr Beruf sehr wichtig ist. Für ihn sind sie bereit, sehr viel zu opfern. Freizeitaktivitäten oder eine ausgewogene Balance zwischen

Beruf und privaten Interessen werden dagegen eher als unwichtig eingestuft. Ein Personenkreis, der diesen Lebensentwurf verfolgt, langweilt sich nach kurzer Zeit in der Floating Time. Die Betreffenden altern schnell und vermissen die verloren gegangene Positionsmacht schmerzlich. Dies ist sicherlich einer der Gründe, warum bekannte Personen aus Wirtschaft und Politik beharrlich an ihren Stühlen kleben. Sie fallen beim Verlust ihrer Stellung in ein regelrechtes Sinn-Vakuum. Dem versuchen sie mit aller Macht bis ins hohe Alter hinein zu entrinnen – sie sehen keine andere Alternative.

Auch aus einem anderen Grund dürften Berufskarrieristen am Ziel der Floating Time scheitern. Erstaunlicherweise hängt dies mit einem finanziellen Argument zusammen. So ist vielfach festzustellen, dass Bezieher hoher Einkommen zu wenig Zeit haben, sich um ihre Finanzen zu kümmern. Es sei denn, sie sind derart wohlhabend, dass es bereits andere für sie tun. Ansonsten »dümpeln« ihre Anlagen häufig zu unattraktiven Zinsen vor sich hin. Laut einer aktuellen Untersuchung von 2.500 vermögenden Kunden der Commerz-Finanz-Management legen nur 22 % ihre Ersparnisse oberhalb von 6,0 % Rendite an. In der Vermögensstruktur der betuchten Personen werden Aktien nur mit 6,8 % berücksichtigt. Dabei hat es bei einem längeren Betrachtungszeitraum immense Auswirkungen, ob das ersparte Kapital mit 8 oder mit 10 % verzinst wird. Dies hängt mit der geometrischen Wirkung des Zinseszinseffekts zusammen.

John D. Rockefeller verdeutlichte mit folgendem Zitat den oben beschriebenen Sachverhalt: »Wer den ganzen Tag arbeitet, hat keine Zeit, Geld zu verdienen.« Hinzu kommt das in wohlhabenden Bevölkerungskreisen wie z. B. bei Ärzten festzustellende Phänomen der Frustkäufe: Erst kann man sich wegen des permanenten Berufsstresses überhaupt nichts gönnen und bei nächster Gelegenheit verfällt man plötzlich in einen Konsumrausch, der das Budget erheblich belastet. Die übrigens bei allen Menschen zu beobachtende Tendenz, genau das auszugeben, was man hat, trägt ebenfalls zur Nivellierung der Vermögenssituation zwischen unterschiedlichen sozialen Schichten bzw. Einkommensgruppen bei. Disziplin ist angesagt, um nicht bei steigendem Einkommen seine Ausgaben in gleichem oder sogar überproportionalem Maß zu steigern. Nicht umsonst wird zwischen Einkommen auf der einen und Vermögen auf der anderen Seite unterschieden. Erst wer es fertig bringt, die Differenz zwischen Einnahmen und Ausgaben möglichst groß werden zu lassen, schafft damit die besten Voraussetzungen, um die Floating Time zu erreichen.

Der Preis der Karriere

Sollten Ihnen einmal Personen von ihren Prestigejobs vorschwärmen – zeigen Sie ihnen ein Lächeln. Denn alles hat seinen Preis. Jede zweite deutsche Führungskraft hat bereits eine Scheidung hinter sich und jede vierte ist gesundheitlich gefährdet. Wenig Ausgleich und viel Leistung erinnern an ein Perpetuum mobile. Aber das ist noch nicht erfunden worden. Und der menschliche Körper, der Geist und die Psyche zeigen schneller Verschleißerscheinungen, als sich dies so mancher der scheinbar unbegrenzt Aktiven vorstellen kann. Neben Hörstürzen, Herz-Kreislauf-Erkrankungen und Tinnitus gehört das erhöhte Herzinfarktrisiko zum Schicksal vieler Hochleistungs-Manager. So entdeckte das Institut für Arbeits- und Sozialhygiene in Karlsruhe im Zuge eines Check-ups bei 18 % der untersuchten Manager zu hohe Blutdruckwerte. Die medizinische Bedenklichkeitsliste ließe sich noch weiter fortsetzen.

Mit dem beruflichen Aufstieg sind nicht nur gesundheitliche, sondern auch soziale Defizite verbunden. Karrieristen wechseln häufiger als andere den Wohnort und sind daher weniger darum bemüht, langfristige Beziehungen zu ihren Nachbarn, Freunden oder Arbeitskollegen einzugehen. Selbst die Paarbeziehungen sind nur von kurzer Dauer – es sind eben nur Lebensabschnittspartner. Was zählt, ist die nächste Beförderung, verbunden mit einem erneuten Ortswechsel.

Ein Umdenken setzt bereits bei einigen Betroffenen ein. Diejenigen, die den entscheidenden Schritt bereits vollzogen haben, bedauern ihn zumeist auch nicht. Einer der Vorteile, beruflich kürzer zu treten, besteht darin, sich weg vom Fachidioten zu bewegen. Denn die Konzentration auf den Job – verbunden mit einem hohen erforderlichen Spezialwissen – hat zwangsläufig ein Nachlassen in anderen Lebensbereichen zur Folge. So berichtet ein Ex-Topmanager, dass ihm sein Alter Ego einkommensmäßig zwar überlegen sei, im Tennis würde er »ihn« aber 6:2 und 6:2 schlagen, beim 100-Meter-Lauf mindestens 10 Meter abnehmen und beim Trivial Pursuit als ein Maßstab für die Allgemeinbildung um viele Spielzüge schlagen. Ganz zu schweigen von einer intakten Beziehung und einem großen Freundeskreis. Psychologen sprechen von einem ansteigenden Grad an Selbstkomplexität, wenn Menschen möglichst unterschiedlichen Bereichen nachgehen, etwa verschiedenen Rollen, Hobbys oder sozialen Aktivitäten. Ein einseitiger Lebensentwurf birgt dagegen die Gefahr in sich, bei Schieflagen innerhalb des dominanten Betätigungsfelds zu leicht in eine Krise zu geraten. Im Vergleich dazu können Personen mit komplexeren Lebensschwerpunkten Rückschläge eher kompensieren. Auch bei Misserfolgen im Beruf bleiben sie geschätzter Freund oder wertvoller Spieler im Sportverein. Veranschaulichen lässt sich diese Sichtweise mit einem Aktienfonds, in dem die Risiken aufgrund der Vielzahl von Einzelwerten gestreut sind. Verliert eine Aktie massiv an Wert, wird sich das für das Gesamtportefeuille nicht gravierend auswirken.

Einige Unternehmensberater stellen die kritische Frage, ob man Personen, die derart einseitig berufsorientiert sind und deren Familien scheiterten, weil sie weder zum Partner noch zu den Kindern eine Beziehung aufbauen konnten, überhaupt die Verantwortung für das Führen anderer Mitarbeiter anvertrauen kann. Eine vorhandene Kompetenz oder ein unbändiger Einsatzwille können die Probleme im Umgang mit Menschen dabei nicht kompensieren. Diese schmerzliche Erfahrung mussten viele Spezialisten machen, die aufstiegen, aber von Personalführung nichts verstanden. Auch wenn sie zu Management-Trainings geschickt wurden, änderte sich daran nur wenig. Denn Menschenführung basiert nur zu einem geringen Teil auf der Anwendung erlernbarer Techniken. Viel entscheidender sind Charaktereigenschaften und die intellektuellen Fähigkeiten der Führungskräfte.

Das immer wieder anzutreffende Verschanzen des Managements in Elfenbeintürmen – Tür um Tür, Sekretariat um Sekretariat zwischen sich und die Mitarbeiter positioniert – dient vor allem der Abkapselung vor der feindlichen Umwelt. Nur bei offiziellen Anlässen zeigt man sich dem Volk. Es handelt sich hierbei um die Umsetzung des Mottos »Glänze durch Abwesenheit, um Respekt und Ansehen zu erhöhen«. In Wirklichkeit ist dies die beste Methode, um sich ins Abseits zu manövrieren. Wenn diese Führungskräfte überhaupt einmal durch die Produktionshallen gehen, geschieht dies stets mit dem Blick nach unten gerichtet, um nicht unnötig in Gespräche verwickelt zu werden. Man hätte den Arbeitern ohnehin nichts zu sagen.

Erstaunlich sind gewisse Verhaltensparallelen zwischen der Managerkaste und unteren Milieuschichten. Zwar weisen Soziologen auf eine geringere Verbrechensquote mit zunehmendem Wohlstand hin, aber ebenso steigen bei den Wohlhabenden die »Kapital-Verbrechen« im wahrsten Sinne des Wortes an. Und die Raserei auf den Autobahnen findet insbesondere in zwei Lagern regen Zuspruch – bei Führungskräften und bei Schichten mit eher geringem Bildungsgrad. Die Mittelschicht beteiligt sich kaum daran.

Führungskräfte – eigenschaftslose Chamäleons?

Die Position, die man einnimmt, ist stets mit bestimmten Rollenerwartungen verbunden. Es ist nicht selten zu beobachten, wie sehr sich das Verhalten eines ehemals »Gleichgesinnten« auf dem Weg nach oben verändert. Denn Menschen sind es gewohnt, durch Imitation zu lernen. Das neue berufliche Umfeld färbt auf den eigenen Charakter ab und weicht bestehende Verhaltensmuster auf. Alte Ideale werden rasch über Bord geworfen. Die Referenzgruppe im Betrieb setzt sich jetzt überwiegend aus hierarchisch höher positionierten Stelleninhabern zusammen, die neue Verhaltensrituale pflegen. Der Weg dorthin führt über karrierebezogene Erfolgsregeln. Personalberater empfehlen: Wer schnell an die Spitze kommen will, muss sich den Machtströmen geschickt anpassen und sein Verhalten am eigenen Nutzen orientieren. Zudem gilt für den Aufstiegsorientierten das Postulat, nicht zu ehrlich und zu offen zu sein. Denn er macht sich dadurch berechenbar und wird immer weniger akzeptiert. Stabile Charaktereigenschaften sind dagegen weniger gefragt. Egoismus und Opportunismus, verbunden mit teilweiser skrupelloser Härte, regieren. Am besten schneidet ab, wer den Beruf als Spiel begreift und täglich neue, wechselnde Rollen spielt. Teilweise geht dies bis an den Rand der Lächerlichkeit.

Die Breite der Schleimspur als Erfolgsfaktor

Ein Arrangement mit dem Chef ist für den Berufskarrieristen von größter Bedeutung. Bei eigenen Verbesserungsvorschlägen sollte daher stets der Eindruck entstehen, der Fachvorgesetzte sei daran beteiligt oder profitiere zumindest davon. Eine einseitige Eigenprofilierung ist völlig fehl am Platze. Zudem sind Förderer oder Mentoren von immenser Bedeutung. Ohne sie bleiben selbst hoch begabte Nachwuchskräfte unentdeckte Talente. Als Assistent oder rechte Hand der Geschäftsführung vermeidet der Karrierist zwar den Fachidioten-Status, muss sich aber in Demut üben und sich bedingungslos anpassen, um die Techniken der Macht kennen zu lernen. Die geistige Unterwerfung führt zu Duckmäusertum und glättet alle hervorstechenden Persönlichkeitsmerkmale. Im Windkanal entstehen eben keine Charaktere. Übrig bleiben Durchschnittstypen, die in ihren dunklen Anzügen, weißen oder blassblauen Hemden und dezenten Krawatten wie geklont aussehen. Sie schlucken Wut und Freude gleichermaßen hinunter und sprechen betont leise und langsam, um ja keine Emotionen zu zeigen. Vorteilhaft ist für den Karrieristen auch, sich stets mit Arbeitskollegen zu umgeben, die sich auf einer höheren hierarchischen Ebene bewegen als er selbst. Das neue Beziehungsgeflecht wird sicherlich schon sehr bald für ihn tätig werden. Die Kehrseite der Medaille ist: Häufig muß er seine Mittagszeit mit sterbenslangweiligen Personen verbringen, deren einseitige Lebensentwürfe wenige Gesprächsthemen außerhalb von Berufsthemen ermöglichen.

Die Frage, die sich beim Lesen dieser Zeilen nahezu automatisch aufdrängt, ist: Will ich so werden? Auf der anderen Seite werden viele Führungskräfte feststellen: »Alles nicht zutreffend.« Dennoch gilt: Eine Tendenz zu chamäleonhaften Charakterzügen von Karrieristen ist nicht von der Hand zu weisen. Das flexible Rückgrat ist fester Bestandteil der Aufstiegstaktik. In einer aktuellen amerikanischen Studie wurde ermittelt: Für den Berufserfolg ist die Leistung nur mit 10% ausschlaggebend, 60% entfallen auf Beziehungen und Kontakte sowie 30% auf Selbstdarstellung.

Lassen Sie sich daher auch nicht täuschen: Bei vielen Topmanagern verbergen sich hinter der trainierten Fassade von Eloquenz, Präsentationsgeschick und Souveränität persönliche Schwächen bzw. ganz und gar kein konstantes Persönlichkeitsbild. Typisch ist in diesen Kreisen ein übersteigerter Drang nach Abgrenzungssymbolen, egal wie absurd dies manchmal ist. Zudem wird versucht, selbst einfachste Sachverhalte derart kompliziert auszudrücken, als gehe es darum, einen Staatsvertrag zu formulieren. Mit ihrem Verhalten schneiden sich die Vorgesetzten letztendlich in das eigene Fleisch. Es gilt als einwandfrei nachgewiesen: Stimmt der Geist des Hauses nicht und befindet sich das Betriebsklima in unverkennbarer Schieflage, ist auch die Arbeitsleistung der Mitarbeiter nicht optimal. Nur kurzfristig kann ein rüder Befehlston oder ein autoritäres Verhalten einen Leistungsschub unter den Mitarbeitern bewirken. Angst ist ein zeitlich äußerst begrenzter Stimulator. Der Schlüssel zum Erfolg liegt daher auch nicht in neuen Unternehmenskonzepten, die zumeist zum Scheitern verurteilt sind. Lean Management, Business Reengineering oder Total Quality Management bringen als Insellösungen gar nichts. Ausschlaggebend ist vielmehr der Umgang miteinander.

Personalchefs als Sozialutopisten

Der junge Floater stößt als Berufseinsteiger gleich zu Beginn auf eine irritierende Situation. Im Bewerbungsgespräch mit der Personalabteilung wird auf Teamfähigkeit, kooperativen Führungsstil und soziale Kompetenz größter Wert gelegt. Kurze Zeit später sieht der Unternehmensalltag dann aber völlig anders aus. Um nach oben zu kommen, vergisst er am besten alles, was die praxisfremden Personalleiter zur Teamfähigkeit im Unternehmen gesagt haben. Bei Berufstätigen, die das nicht können, stellt sich eine Enttäuschung ein. Und erst recht bei denjenigen, die versuchen, mit kollegialen Methoden in die Führungsetage zu gelangen.

Der junge Floater kann der ganzen Entwicklung mit Gelassenheit entgegensehen. Er ist idealtypischerweise kein Karrierist. Vielmehr steht für ihn die Work-Life-Balance im Vordergrund. Er setzt sich bei der Arbeit ein, stellt sich aber auch die Frage, inwieweit sich der nächste Schritt auf der Karriereleiter mit seiner Familie und seinen außerberuflichen Aktivitäten vereinbaren lässt.

Der Workaholic als Anti-Floater

Manche Menschen sind ohne Druck von außen regelrecht süchtig nach Arbeit. Diese Spezies der Workaholics ist grundsätzlich auf allen hierarchischen Betriebsebenen anzutreffen. Sie dürften jedoch auf der Führungsebene überrepräsentiert sein. Gelingt der berufliche Aufstieg nicht, kommt zu der zerstörerischen Krankheit noch die Gefahr hinzu, zum »Karrierekrüppel« zu werden.

Arbeitssüchtige belasten sowohl ihr näheres als auch ihr weiteres soziales Umfeld. Ihre Umtriebigkeit macht andere nervös. An Wochenenden ereilen sie wiederkehrende Beschwerden wie allgemeines Unwohlsein oder Kopfschmerzen. Regelrechte Entzugserscheinungen treten auf. Denn ohne Druck – ihr »Morphium« – kommen sie nicht aus. So berichten Ärzte von Spitzenmanagern, die mit Herzinfarkt eingeliefert wurden und schon kurze Zeit später Telefon, Laptop und Aktentisch neben das Bett gestellt haben wollten. Dabei schwingt stets die Angst mit, während ihrer betrieblichen Abwesenheit als entbehrlich eingestuft zu werden. Als Floater kommt dieser Personenkreis nicht in Betracht. Der Workaholic misst der Arbeit eine zu große Bedeutung bei und ist auf der anderen Seite genussunfähig. Mit der bunten Welt des Floaters kann er nichts anfangen. Seine Früchte erntet er lieber bei der Arbeit. Dort stehen seine Chancen – unverständlicherweise – gar nicht schlecht. Ein übertriebenes Arbeitspensum, auch wenn es offensichtlich zwanghaft ist und andere Kollegen belastet, wird häufig belohnt. Tatsächlich arbeitet der Workaholic aber ineffizient. Da Erholungsphasen fehlen, ist seine Aufnahmeleistung und Konzentrationsfähigkeit geschmälert. Nur derjenige bleibt aber langfristig gesund und leistungsfähig in seinem Beruf, der sich abends mehrere Stunden ausruhen kann. Die Hetze des Arbeitssüchtigen lässt auch keine Planung zu, um Arbeitsaufgaben wirklich zielorientiert lösen zu können. Zudem betrachtet er Teamarbeit als vertane Zeit. Und da er versucht, alles selbst zu machen, ist seine Fähigkeit des Delegierens eingeschränkt.

Floating in der Betriebspraxis

Erste, auf diesem Gebiet zu den Pionieren zählende Unternehmen machen sich den Trend zur Abkehr von einseitigen Lebensentwürfen bereits zunutze. Bei Siemens, Gemini Consulting oder Hewlett Packard sind Jobsharing, Vollzeit »light«, Lebensarbeitszeitkonten, Teilzeitarbeit, Sabbaticals oder Telearbeit organisatorisch fest verankert. Das Konzept der Floating Time unterscheidet sich von diesen Modellen in einem wesentlichen Aspekt: Der Floater arbeitet bis zum Ende seines 50. Lebensjahres auf Vollzeitbasis kontinuierlich weiter. Im Anschluss daran erfolgt die endgültige Beendigung des abhängigen Beschäftigungsverhältnisses. Eine Einschränkung der Erwerbstätigkeit tritt nicht, wie bei den anderen Konzepten, aufgrund einer Reduzierung der täglichen Arbeitszeit (z. B. Teilzeitarbeit) ein oder durch eine längere Unterbrechungsphase wie beim Sabbatjahr, sondern durch eine Begrenzung der Lebensarbeitszeit und einen bewussten Verzicht auf Karrierespitzen. Der Vorteil: Der Floater kann seine Zielvorstellung bis kurz vor Beendigung seiner Berufstätigkeit geheim halten und sie erst mit der Kündigung bekannt geben. Er wird zuvor weder den Führungskräften, Mitarbeitern oder dem Betriebsrat auffallen. Dagegen sehen sich »Teilzeitmänner« vielfach einem Unverständnis insbesondere ihrer Vorgesetzten ausgesetzt. Sowohl bei diesem Konzept als auch beim Sabbatjahr sieht die Geschäftsleitung noch immer unverrückbare, traditionelle Unternehmensprinzipien – hohe Leistungsbereitschaft, ständige Verfügbarkeit oder Betriebsloyalität – in Gefahr.

Die Firmenleitungen haben erkannt, dass mitarbeiterorientierte Konzepte Arbeitskräfte langjährig an das Unternehmen binden. Insbesondere in den USA ist die Entwicklung weit fortgeschritten. Um eine Work-Life-Balance zu gewährleisten, gehören firmeneigene Massagestudios, Einkaufsdienste und Fitnesstrainer zum festen Bestandteil des Firmenkonzepts (Oracle, Cisco Systems oder Peoplesoft). Es ist daher nur zu hoffen, dass weitere Unternehmen die oben genannten Modelle in Richtung Selbstkomplexität einführen. Dabei dürfte der Selbstzweck für die Firmen von ausschlaggebender Bedeutung sein. Unternehmensleitungen, die Mitarbeitern anbieten, beruflich befristet oder unbefristet kürzer zu treten, ist die positive Wirkung auf die Motivation und die Krankheitsquote bestens bekannt.

Noch sind es Ausnahmefälle, die sich in ihrem beruflichen Engagement begrenzen – aber voraussichtlich wird sich dies in den kommenden Jahren rasch ändern. Gegenwärtig sind noch tradierte Auffassungen anzutreffen und es gehört eine gehörige Portion Mut dazu, sich in der Firma offen zur Work-Life-Balance zu bekennen. Scheinbarer Sieger ist gegenwärtig immer noch der, dessen Lampe abends am längsten brennt. Derjenige, der nach einer Auszeit fragt, passt offenbar nicht in das Leistungsbild des Unternehmens. Es ist nur eine Frage der Zeit, bis diese alten Zöpfe abgeschnitten werden.

Die für den Floater optimale Geldanlage

Wie können Sie attraktive Renditen für Ihre monatlichen Sparraten erzielen? Damit befinden wir uns bei einem der Schwerpunktthemen dieses Buches. Gesucht wird die unter Risiko- und Wachstumsaspekten optimale Geldanlage für den Floater.

Während sich die eigene Karriere mitunter kaum steuern lässt, um die Einnahmeseite positiv zu gestalten, können Sie die Kriterien für die eigene Geldanlage selbstständig festlegen. Ob Sie ein konservatives oder ein spekulatives Investment für die monatlichen Einnahme-Überschüsse bevorzugen, ist Ihre (Familien-)Entscheidung. Ziel ist es, Ihre monatlichen Einzahlungen in 25 Jahren so stark anwachsen zu lassen, dass Sie in der Lage sind, Ihren Lebensunterhalt primär von den Zinsen des Ersparten zu bestreiten. Dabei wird Wert darauf gelegt, keine zu riskanten Anlageempfehlungen zu geben. Im Vordergrund stehen daher wachstumsorientierte und dennoch langfristig sichere Strategien.

Die Renten sind (un)sicher

Der gebetsmühlenartig vom ehemaligen Arbeits- und Sozialminister Norbert Blüm wiederholte Satz »Die Renten sind sicher« beinhaltet nur eine Teilwahrheit: Sie sind sicher, und zwar für die heutigen Rentner, und es ist sicher, dass sie zukünftig niedriger ausfallen werden. Das staatliche Rentensystem, das gegenwärtig nur den wenigsten 65% des früheren Nettogehalts beschert, ist finanziell nicht mehr tragfähig und wird sich radikal wandeln müssen. Die Leidtragenden sind schnell ausgemacht: Es sind die heute 40-Jährigen und jüngere Jahrgänge, die mehr einzahlen müssen als die Generationen zuvor und trotzdem weniger ausbezahlt bekommen. Der Rentner von morgen wird bestenfalls vor dem Gang zum Sozialamt bewahrt. Es ist wirklich für viele Jüngere fünf vor zwölf, sich Gedanken über ihre Altersvorsorge zu machen und konkrete Umsetzungen einzuleiten.

Die Geldanlagepolitik des jungen Floaters basiert auf der gleichen beschriebenen Ausgangssituation. Im Gegensatz zum »Normalrentner« beendet er allerdings ca. 15 Jahre früher seine Berufstätigkeit.

Wege aus dem Anlage-Dschungel

Die Auswahl an Anlagemöglichkeiten ist riesig. Neben den traditionellen Anbietern von Risiko- und Kapitallebensversicherungen, festverzinslichen Wertpapieren und Immobilienfonds ist insbesondere die Anzahl der Aktienfonds in den vergangenen Jahren auf 1.500 Produkte sprunghaft angestiegen. Zusammen mit den Spezialangeboten der »Altersvorsorge-Sondervermögen« (kurz AS-Fonds genannt) entstand ein nahezu unüberschaubares Konglomerat von 6.245 zugelassenen Anlageprodukten.

Auf die Anlageform der Kapitallebensversicherungen werden wir nicht im Detail eingehen. Und dies aus gutem Grund: Von den klassischen Kapitallebensversicherungen ist auch nach Aussage von Verbraucherverbänden strikt abzuraten. Auf der einen Seite ist die Verzinsung zwar mit durchschnittlichen 6% deutlich höher als bei Sparbüchern. Auf der anderen Seite werden die Sparer aber mit hohen Abschlussgebühren belastet. Zudem beinhalten die Ausschüttungen am Ende der Laufzeit Anteile aus Gewinnen, die noch gar nicht zugesichert werden können. Nur die Mindestverzinsung in Höhe von ca. 3,5% ist garantiert. Treten später die Erwartungen nicht ein und werden geringere Erträge erwirtschaftet, sind Umsatzeinbußen für die Anleger die Folge. Schließlich werden »künstliche« Ausstiegshürden seitens der Versicherungsgesellschaften aufgebaut. Die Versicherten erhalten im Fall der vorzeitigen Auflösung mitunter noch nicht einmal ihr eingezahltes Geld zurück. Nur auf eine weit verbreitete Unkenntnis ist zurückzuführen, dass die Kapitallebensversicherungen seit jeher zu den bevorzugten Anlageformen der Deutschen zählen. Interessant sind sie am ehesten noch für Bezieher hoher Einkommen, die nach 12 Jahren steuerfreie Ausschüttungen erhalten. Aber dieser Vorteil lässt sich auch mit Aktien oder Aktienfonds erzielen, und zwar in dem wesentlich kürzeren Zeitraum von nur einem Jahr.

Auch das Sparbuch bedarf keiner vertiefenden Ausführungen. Es ist die mit Abstand renditeschwächste Geldanlage. Die Verzinsung von 1,5 bis 2,0% reicht kaum für den Inflationsausgleich aus, geschweige denn für die Zielerreichung der Floating Time.

Geldanlagen der Deutschen in Mrd. DM

Quelle: Deutsche Bundesbank, Stand 2000

Bevor sich das Angebot an optimalen Anlagen für den Floater weiter lichtet, ist es zweckmäßig, auf die Risikoneigung einzugehen. Nach § 31 Abs. 2 Wertpapierhandelsgesetz sind die Geldinstitute und Wertpapiervermittler zum Schutz des Anlegers dazu angehalten, ihre Kunden nach Anlagezielen, Kenntnissen und Erfahrungen im Anlagebereich sowie nach ihren finanziellen Verhältnissen zu befragen. Die folgende Übersicht der BHW Bank zeigt das Spektrum an Kenntnisstufen und Risikoklassen auf:

Klasse	Risiko	Anlageziel	Wertpapierarten
A	gering	konservativ	Euro-Renten inländ. Emittenten
B	begrenzt höher	konservativ	Euro-Renten inländ. Emittenten Euro-Rentenfonds Euro-Mischfonds Offene Immobilienfonds
C	erhöht	risikobewusst	Währungsrenten in- und ausländ. Emittenten Euro-Aktienfonds
D	hoch	spekulativ	in- und ausländ. Aktien Währungsfonds Genussscheine
E	sehr hoch	spekulativ	Optionsscheine sonstige Börsentermingeschäfte

Quelle: BHW Bank AG Direktdepot

Wie viel ist es wert, nachts kein Auge mehr zumachen zu können?

Im Folgenden werden wir Ihnen Vorschläge innerhalb der Kategorien C und D der obigen Abbildung unterbreiten. Kategorie E wird bewusst ausgeklammert, da das Risiko als zu hoch für den Floater (und auch für die übrigen Anleger) eingestuft wird. Die darin einbezogenen Optionsscheine und Börsentermingeschäfte bergen die Gefahr eines Totalverlusts in sich! Es wird an dieser Stelle bereits deutlich: **Die** bestmögliche Anlageform kann es gar nicht geben – eher schon ein optimales Investment, das sich an Risikoneigungen orientiert. Jeder Mensch geht unterschiedlich mit Risiken um. Während 20%ige Kursschwankungen innerhalb kürzester Zeit bei einigen nur ein leichtes Stirnrunzeln verursachen, kann ein anderer Anleger vor Nervosität nachts kein Auge mehr zumachen.

Risiko und Rendite

Die Autoren möchten Ihnen als Floater empfehlen, die Einnahme-Überschüsse aus der Modell-Haushaltsrechnung überwiegend in Aktienfonds zu investieren. Diese Risikostufe ist völlig ausreichend, um das gesteckte Ziel der finanziellen Unabhängigkeit im Alter von 50 Jahren zu erreichen. Ein höheres Risiko einzugehen bedeutet, die Wahrscheinlichkeit zu reduzieren, in finanzieller Hinsicht zur Floating Time zu gelangen. Treten die mit höheren Risiken verbundenen Anlage-Erwartungen ein, könnte man zwar im Alter noch komfortabler leben; verlaufen die Kursentwicklungen aber in die entgegengesetzte Richtung, ist das komplette Ziel gefährdet.

Aktienfonds bieten in idealer Weise die Möglichkeit, einen systematischen Vermögensaufbau mit monatlichen Sparbeträgen vorzunehmen – genau wie in der Modell-Haushaltsrechnung vorgesehen. Dabei werden Kursgewinne und Dividenden nicht ausgeschüttet, sondern einbehalten (thesauriert). Zudem wird durch die Streuung auf eine Vielzahl von Aktien das Risiko für den Anleger deutlich gemindert. Dies ähnelt bildlich gesprochen einem Tausendfüßler, der ein Bein verliert, aber dennoch weiter laufen kann.

Nach Berechnungen des BVI (Bundesverband Deutscher Investmentgesellschaften) haben die Deutschen um die Jahrtausendwende im Durchschnitt lediglich ca. 1.800,– DM in Aktienfonds angelegt. Zum Vergleich: Franzosen investieren dreimal so viel und US-Amerikaner, bei denen die Fondsanlage seit jeher zur Altersvorsorge dient, übertreffen die Deutschen sogar um das Fünffache. Nachholbedarf besteht nicht zuletzt aufgrund der Krise der gesetzlichen Rentenversicherung. Die Eigenvorsorge ist dringend erforderlich. Und Aktienfonds stehen beim Floating-Konzept an erster Stelle. Weit verbreitet in der Bevölkerung ist allerdings nach wie vor eine Zurückhaltung u. a. wegen zu geringer Aktien-Kenntnisse. Bei Aktienfonds ist dies eigentlich unverständlich. Sparer brauchen sich nicht zu scheuen, wenn sie z. B. über die Mechanismen der Kursbildung nur unzureichend informiert sind. Die detaillierte Marktbeobachtung und alle weiteren Voraussetzungen erfüllen die Fondsmanager für sie. Die Profis legen fest, welche Aktien mit welchen Stückzahlen sich im Depot befinden. Dies stellt für den Floater eine optimale Lösung dar, zumal er sich in seiner außerberuflichen Zeit auf andere Dinge als die Vermögensanlage konzentrieren kann. Dabei soll nicht ausgeschlossen sein, dass auch das Verfolgen des Börsengeschehens zu Ihren favorisierten Freizeitbeschäftigungen werden könnte. In diesem Fall wirft das Geldmanagement in eigener Sache hoffentlich nicht nur eine überdurchschnittliche Rendite ab, sondern wird zu einem Aktivitäts-Pfeiler ab 50 in der Floating Time. Falls Sie dagegen das Börsenfieber nicht packt, ist das Delegieren an ein erfahrenes Team von Finanzexperten der beste Weg, sich Freiräume für andere Beschäftigungen zu schaffen. Hingegen erfordert das Anlegen in Einzel-Aktien eine tägliche Analyse des Börsengeschehens, um das Vermögen zielgerichtet zu steuern. Im Sinne der Zielerreichung – und das sei ausdrücklich betont – ist es nicht unbedingt erforderlich, das höhere Risiko bei Einzel-Aktien im Vergleich zu Aktienfonds in Kauf zu nehmen. Für eine Beimischung sind Aktien allerdings ideal geeignet.

Ein weiteres Risiko wird bei Aktienfonds gesetzlich ausgeschlossen. So ist zum Schutz des Anlegers geregelt, dass die Investmentgesellschaften keinen direkten Zugriff auf die Gelder haben, die in ihren Fonds angelegt sind. Zwischengeschaltet ist stets eine Depotbank, die das Fondsvermögen in Verwahrung hält. Sollte der Fall der Fälle eintreten und die Investmentgesellschaft zahlungsunfähig werden, bliebe das Fondsvermögen aufgrund dieser Konstruktion unangetastet.

Renditestarke Aktienfonds

Die Fondsgesellschaften konnten auch im vergangenen Jahr wieder ein ausgezeichnetes Ergebnis präsentieren. Nach Berechnungen des BVI vermehrten Aktienfonds das Geld ihrer Anleger im Jahre 1999 um durchschnittlich 35,6%! Sie liegen damit allerdings immer noch unterhalb der Wertentwicklung des Börsenbarometers DAX (plus 39,1%), der die 30 größten und umsatzstärksten deutschen Unternehmen umfasst. Europäische Aktienfonds erzielten sogar eine Rendite von 40,1% und die Weltfonds erstaunliche 56,2%. Lassen Sie sich nicht blenden. Zuwächse in dieser Größenordnung können nicht einfach in die Zukunft fortgeschrieben werden. 1999 war ein Jahr mit weit überdurchschnittlichen Kursgewinnen. Es werden gute Jahre folgen, aber auch Jahre, in denen der Markt über einen längeren Zeitraum nachgibt. Um noch mehr Wasser in den Wein zu gießen: Anleger, die Ende der Achtzigerjahre in japanische Aktien investierten, verloren in kürzester Zeit 70% ihres Anlagekapitals. Auch zehn Jahre später war der alte Höchststand bei weitem nicht erreicht. Anfang des Jahres 2000 lagen die Kurse immer noch 50% unter den alten Höchstständen.

Dies zur Empfehlung des verstorbenen Börsengurus André Kostolany, Aktien zu kaufen, einzuschlafen und sich erst nach vielen Jahren wecken zu lassen, um sich über die hohen Gewinne zu freuen. Zumeist – und das sei zur Beruhigung gesagt – hat Kostolany mit seinem Ratschlag aber Recht. Weder in Europa noch in den USA war eine derart lange Durststrecke wie in Japan jemals zu verzeichnen gewesen. Selbst bei großen Crashes erholten sich die Aktien relativ rasch. So konnte der drastische Einbruch 1987 an der Wall Street (durchschnittlich fielen die Kurse um 23%) schon nach wenigen Wochen wieder ausgeglichen werden. Betrachtet man die gesamte Börsenentwicklung über einen längeren Zeitraum, bilden die meisten Börsencrashes nur kleine Kursdellen auf dem Weg nach oben. Wer in den vergangenen fünf Jahren in deutsche Standardwerte investierte, wurde jährlich mit einer Durchschnittsrendite von 27% belohnt. Topwerte in den Wachstumsbranchen Telekommunikation, Internet oder Biotechnologie glänzten sogar mit dreistelligen Kursgewinnen. Kein Wunder, dass im Frühjahr 2000 bereits knapp neun Millionen Bundesbürger (knapp 12%) Aktien besitzen. Anfang der Neunzigerjahre waren es gerade einmal halb so viele und in ein paar Jahren werden es nach einer Prognose des Magazins »Stern« doppelt so viele sein wie gegenwärtig. Das Steigerungspotenzial ist enorm. In Anbetracht der oben genannten Renditen, aber auch unter Berücksichtigung von Verlustjahren wird folgende realitätsnahe Annahme getroffen:

Die monatlichen Sparraten des Floaters verzinsen sich innerhalb des Betrachtungszeitraums von 25 Jahren mit durchschnittlich 10 % pro Jahr.

Deutsche Aktienfonds erzielten in den vergangenen 30 Jahren sogar eine Durchschnittsrendite von 11,3 %. Daher steht Ihnen im Alter von 50 Jahren voraussichtlich eine zusätzliche Sicherheitsreserve zur Verfügung. Aktienfonds sind aber auch mit 10 %iger Verzinsung Ihre Eintrittskarte in die Floating Time.

Höheres Risiko wird belohnt

Gehen wir von der realistischen Annahme aus, dass die durchschnittliche Rendite einer Kapitallebensversicherung oder eines festverzinslichen Wertpapiers drei Prozentpunkte niedriger ist als die eines Aktienfonds. Den 10 % des Aktienfonds stehen 7 % Durchschnittsrendite der »sicheren« Anlagen in 25 Jahren gegenüber. Dieser scheinbar kleine Unterschied könnte zu der Aussage verleiten: »Wegen 3 % höherer Rendite gehe ich doch kein so viel höheres Risiko ein.« Aber selbst kleinste Zinsdifferenzen wirken sich über einen längeren Zeitraum drastisch aus. Werden 900,– DM monatlich gespart – wie im Floating-Konzept vorgesehen –, ergeben sich folgende Werte:

	Endkapital nach				
Restlaufzeit	**5 Jahren**	**10 Jahren**	**15 Jahren**	**20 Jahren**	**25 Jahren**
Kapital bei 7%iger Verzinsung	67.908,– DM	168.826,– DM	318.028,– DM	535.747,– DM	842.078,– DM
Kapital bei 10%iger Verzinsung Aktienfonds	73.064,– DM	196.740,– DM	404.152,– DM	747.275,– DM	1.308.435,– DM
Deckungs-lücke	5.156,– DM	27.914,– DM	86.124,– DM	211.528,– DM	466.357,– DM

Annahme: 2 % inflationsbedingte Steigerung der Sparbeiträge pro Jahr

Das Kapital bei 10%iger Rendite ist nach 25 Jahren um ca. 55% **(!)** höher als bei einer Verzinsung von 7%. Es braucht kaum mehr Erwähnung finden, dass damit im Fall der Aktienfondsanlage die Tür zur Floating Time weit offen steht, während sie bei vielen anderen Investments fest vernagelt ist.

Anhand eines Beispiels soll bildhaft verdeutlicht werden, wie groß der Unterschied im Endkapital zwischen Anlagen ist, die nur wenige Prozentpunkte in der Performance auseinander liegen:

Renditetreffer oder Schuss an der Zielscheibe vorbei

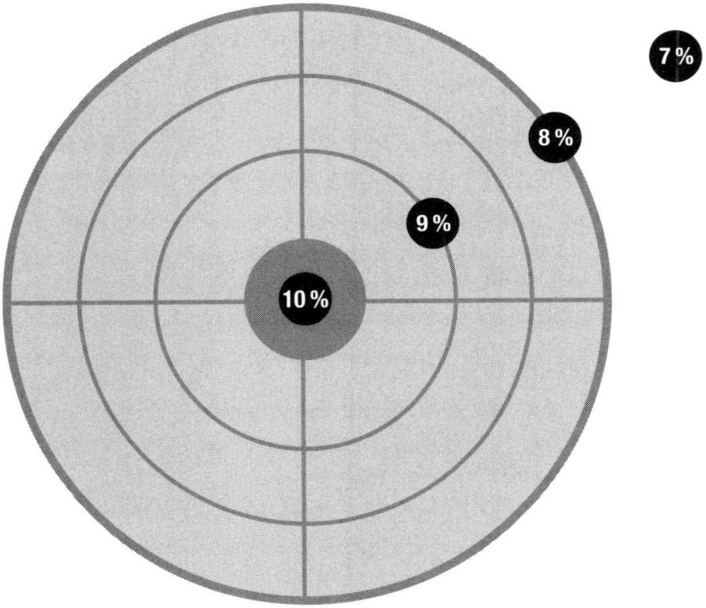

Der Floater trifft mit einer 10%igen jährlichen Durchschnittsrendite genau das Zentrum der Zielscheibe, das die Floating Time bildhaft darstellt. Mit 9%iger Verzinsung ist nur noch ein Treffer weitab vom Mittelpunkt möglich. Bei 8% durchschnittlicher Wertsteigerung trifft man mit etwas Glück noch die Zielscheibe. Und bei 7%iger Rendite wird völlig ziellos an der Scheibe vorbei geschossen.

Umschichten – eine Frage der Renditen

Wer gegenwärtig monatliche Beiträge für Kapitallebensversicherungen oder für Rentenfonds mit festverzinslichen Wertpapieren einzahlt, muss sich um eine Umschichtung seiner Geldanlagen ernsthafte Gedanken machen. Die jährliche Durchschnittsrendite von 5 bis 7 % ist zu niedrig, um das Ziel der Floating Time zu erreichen. Umgekehrt brauchen die Bestände an Aktienfonds oder Aktien nicht umgeschichtet zu werden. Denn diese Anlageformen erreichen mit 10 % jährlicher Verzinsung eine zielkonforme Rendite.

Festverzinsliche Wertpapiere können jederzeit am Markt verkauft werden. Zu beachten ist: Sollten die Zinsen seit dem Erwerb gestiegen sein, sind Kursabschläge zu berücksichtigen. Diese bewegen sich allerdings in eng abgesteckten Grenzen. Es wird jedenfalls erst am Ende der Laufzeit mit Gewissheit zum 100 %-Kurs ausgezahlt. Eine nach unten gerichtete Kursentwicklung ist bei Wertpapieren, die vor mehreren Jahren gekauft wurden, bei einem gegenwärtigen Verkauf nicht zu erwarten. Viel wahrscheinlicher ist, dass die »alten« Zinspapiere aufgrund gefallener Zinsen in ihren Kursen gestiegen sind. Sie profitieren somit im Fall der vorzeitigen Auflösung der Papiere.

Bei **offenen Immobilienfonds** investieren professionelle Fondsmanager in eine Vielzahl von Grundstücken und Gebäuden, vor allem Bürohäuser oder Einkaufszentren (Risikostreuung). Der Anleger kann sehr flexibel agieren, da ein Verkauf seiner Anteile jederzeit möglich ist. Bei Zeiträumen von 10 bis 30 Jahren liegen die Renditen bei 6 bis 7 % – also zu niedrig, um den Eignungstest im Hinblick auf die Floating Time zu bestehen. Die Renditen lassen sich allerdings nur schwer prognostizieren. Das bestehende Überangebot an Büroflächen belastet gegenwärtig massiv.

Eine Auflösung von **Kapitallebensversicherungen** kann – für den Moment gesehen – teuer werden. Eine Umschichtung ist aber bei längeren Restlaufzeiten ratsam. Ausschlaggebende Kriterien sind der Rückkaufwert und die erwartete Verzinsung (einschließlich Überschusskapital). Zudem sind mitunter bestimmte Versicherungsleistungen (Berufsunfähigkeit, Schutz für die Hinterbliebenen im Todesfall) einbezogen, die separat abzuschließen und gegenzurechnen sind.

Beim **Immobilienbesitz** ist die Umschichtungsfrage bei vermieteten Wohnungen von vielen Faktoren abhängig, die komplex und zum Teil sehr ungewiss sind. Stichworte sind: steuerlicher Abzug von Schuldzinsen, negative Einkünfte aus Vermietung und Verpachtung, Wertentwicklung, laufende Kosten etc. Eine Umschichtung im Zusammenhang mit Immobilien wird übrigens bewusst nicht in Betracht gezogen: der Verkauf des eigenen Hauses oder der eigenen Wohnung. In vielen Fällen werden Sie beim Nachrechnen feststellen, dass es sich aus Renditeaspekten lohnen würde, zu verkaufen und fortan zur Miete zu wohnen. Der Homo oeconomicus, der unsympathische Modell-Rationalist der Wirtschaftswissenschaftler, würde lediglich Einnahmen und Ausgaben für die selbst genutzte Wohnung gegenüberstellen und anschließend seine Entscheidung treffen. Aber das reine Saldieren von Zahlen ist mitunter gar nicht ausschlaggebend. Das eigene Zuhause hat einen emotionalen Wert, der für viele höher einzustufen ist als rein monetäre Kalkulationen. Vorschlag: Leben Sie einfach damit, dass Sie bis zum Start der Floating Time einen Wert aufgrund familiärer oder anderer qualitativer Faktoren besitzen, mit dem Sie voraussichtlich keine zielkonforme Rendite von 10 % jährlich für Ihre Altersvorsorge erwirtschaften werden. Eine kleine zeitliche Verzögerung der Floating Time, etwa ein Einstieg mit 52 Jahren, dürfte in Anbetracht der Vorteile eines Eigenheims akzeptabel sein.

Der Crash – Wenn Aktien wie Steine in die Tiefe fallen

Ein Crash naht, wenn sich nach extrem schnellen Kursgewinnen am Aktienmarkt eine gefährliche Spekulationsblase gebildet hat. Während neue Käufer in großen Scharen am Markt auftreten, die von den sensationellen Gewinnen ihrer Bekannten gehört haben, sind die Profis in diesen Phasen eher zurückhaltend. Ein Einsteigen auf derart hohem Niveau kommt für sie nicht in Betracht. Denn eines ist gewiss: In dieser Situation reicht bereits ein kleiner Anlass aus – eine Wirtschaftsflaute in einer entlegenen Region oder eine politische Krise in einem Zwergenstaat –, um die gesamte Hausse (Phase anhaltend starker Kursanstiege) in ihr Gegenteil, die Baisse (Phase starker Kursverluste), umschlagen zu lassen. Und auch die Zentralbanken in den USA oder Europa können als Auslöser in Betracht kommen. Ein Stich mit der spitzen Zinsnadel – und die ganze Blase zerplatzt.

Vom Börsenabsturz sind dann mitunter nicht nur die Aktienanleger betroffen. Das Debakel kann sich negativ auf die gesamte Wirtschaft auswirken, mit der Folge einer Rezession, unter der weite Bevölkerungskreise zu leiden haben. Viele werden bei boomenden Aktienmärkten entwarnend feststellen: »Es besteht keine Gefahr. Die Wirtschaftslage ist stabil.« Aber die Geschichte belehrt uns eines Besseren: Im Jahre 1929 lief die Konjunktur in den USA auf vollen Touren. Es existierte eine niedrige Inflationsrate und das Ziel der Vollbeschäftigung schien nahezu realisiert zu sein. Die Aktienkurse folgten auch zunächst der euphorischen Stimmung und erzielten einen Rekord nach dem anderen. Der weitere Verlauf ist bekannt – zunächst waren nur leichte Kurskorrekturen zu verzeichnen ... und dann geschah es: Am 25. Oktober 1929 stürzten die Kurse ins Bodenlose. Es resultierte der folgenschwerste Crash der Geschichte mit verheerenden Auswirkungen auf die gesamte Weltwirtschaft.

Fazit: Vorsicht ist bei hohen Börsenständen geboten. Der Kursrutsch Ende März/Anfang April des Jahres 2000 machte deutlich: Wenn die Versuchung am größten ist und alle Medien über Kursrekorde berichten, ist eine Gewinnmitnahme und das Aufstocken der Barreserve vorteilhaft. Wer dann etwas Geduld aufbringt, wird mit Sicherheit schon bald zu günstigeren Einstiegskursen kaufen können.

Vielfach werden übrigens die Kleinanleger für größere Börsenturbulenzen verantwortlich gemacht. Die Wirklichkeit sieht aber anders aus: Häufig sind es die Fondsmanager, die Crashes verursachen. Verantwortlich ist ein regelrechter Herdentrieb unter den Profis. Entweder kaufen oder verkaufen alle. Sollte sich einmal eine Anlagestrategie im Nachhinein dennoch als Flop erwiesen haben, ist der Fondsmanager auf der sicheren Seite. Er kann leicht auf seine übrigen professionellen Kollegen verweisen, deren Fehleinschätzung er teilte. Der Kleinanleger ist daher nicht Auslöser, sondern eher Opfer des uniformen Verhaltens der Fondsmanager.

Weg von der Abzocker-mentalität – hin zur langfristigen Strategie mit Aktienfonds

Den optimalen Verkaufszeitpunkt – vor einem Crash – und den optimalen Kaufzeitpunkt – nach einem Crash – wird man nie treffen. Hinzu kommen im Fall eines Verkaufs innerhalb der Spekulationsfrist von einem Jahr etwaige Kursgewinne, die dem persönlichen Steuersatz unterliegen. Unter dem Strich bedeutet dies: Gerade bei Aktienfonds mit ihren Ausgabeaufschlägen in Höhe von 3 bis 5% lohnt sich ein Aussteigen nach kurzer Zeit zumeist nicht. Vielmehr ist eine langfristige Perspektive für die erfolgreiche Anlage unverzichtbar. Beim 25-jährigen Betrachtungszeitraum, der dem Floating-Konzept zugrunde liegt (von 25 bis 50 Jahren), wird man bei der überwiegenden Zahl von Aktienfonds eine jährliche Rendite erzielen, die mit den Anlagealternativen festverzinsliche Wertpapiere (5–7% in Abhängigkeit von Zinsniveau und Laufzeit), Immobilienfonds (3–5%), Sparbriefe (ca. 3,25% bei 4 Jahren Laufzeit) oder Sparbücher (ca. 1–2%) nicht realisierbar ist. Rentenfonds erwirtschafteten in den letzten zehn Jahren nach Berechnungen des BVI durchschnittlich 105% (im kompletten Betrachtungszeitraum); Aktienfonds erzielten dagegen 159% – etwa 50% mehr!

Aktienfonds sind für den Kapitalaufbau zur Altersvorsorge ideal geeignet. Erstmals zogen sie 1999 mit einem Fondsvermögen von über 120 Mrd. Euro in der Gunst der deutschen Anleger an den bisher dominierenden Rentenfonds (Kapitallebensversicherungen und festverzinsliche Wertpapiere) vorbei. Noch Anfang der Achtzigerjahre flossen über 80% der Anlagen in Rentenfonds. Die meisten Experten gehen davon aus, dass Aktien auch in den kommenden Jahren bei den neuen Geldzuflüssen die Spitzenposition einnehmen werden.

Auch wenn professionelle Fondsmanager für die Fondsentwicklung verantwortlich zeichnen, ist eine kontinuierliche Beobachtung der Kursentwicklung anzuraten. Diese braucht allerdings nicht täglich durchgeführt zu werden. Ein vierzehntägiger Check ist völlig ausreichend, da Aktienfonds im Vergleich zu Einzel-Aktien zwar ein geringeres Risiko aufweisen, sie aber von den Kursentwicklungen der in ihnen enthaltenen Aktien anteilig betroffen sind.

Clever mit Aktienfonds sparen – Wartezeiten vorsehen

Die Zeitschrift »Finanztest« ermittelte in einer Untersuchung von 10.000 Sparplänen mit Aktienfonds: Ein durchschnittlicher Fonds mit inländischen Papieren erwirtschaftet nach fünf Jahren mit einer Wahrscheinlichkeit von 20% nicht so viel, wie der Sparer (nominal) eingezahlt hat. Oder anders ausgedrückt: Von 100 Sparern haben nach fünf Jahren 20 mit Aktienfonds keine Rendite erwirtschaftet! Dies klingt zunächst alarmierend. Auf der anderen Seite ändert es nichts an den äußerst attraktiven Durchschnittswerten, die oben aufgeführt wurden. Zudem lässt sich die Anzahl der »Verlustsparer« nach unten korrigieren: So ging »Finanztest« von einem Ausgabeaufschlag von 5% aus. Die Direktbanken bieten aber weitaus preisgünstiger an, sodass ein erster positiver Effekt eintritt. Zudem wird die Wahrscheinlichkeit, sein Geld nicht zumindest zurückzuerhalten, mit längeren Laufzeiten immer geringer. Nach 20 Jahren ist das Risiko bereits auf ca. 3% gesunken. Und selbst diese geringe Quote lässt sich noch reduzieren, wenn Sie Wartezeiten vorsehen. Voraussetzung ist, dass man das Geld nach Beendigung des Fondssparplans nicht sofort benötigt, sondern es eine Zeit lang ruhen lässt. Da Aktienfonds üblicherweise mit Ausgabeaufschlägen versehen sind, können die zuletzt gekauften Fondsanteile zwangsläufig nicht mehr in die Gewinnzone vorstoßen. Beim Floating-Konzept ist ab 50 vorgesehen, überwiegend von den Zinsen des Ersparten zu leben. Das heißt, das erzielte Endkapital wird lediglich durch die Lebensunterhaltskosten des Floaters reduziert. Das übrige Kapital durchläuft eine Wartezeit bis zum Lebensende. Welche große Wirkung dies auf die Senkung des Verlustrisikos hat, wird deutlich, wenn man berücksichtigt, dass selbst bei relativ kurzen Laufzeiten von fünf Jahren eine einjährige Wartezeit das Risiko, im Minus zu schließen, von 20% auf 7% reduziert! Bei einer durchschnittlichen Lebensdauer von 80 Jahren bei Frauen und 73 Jahren bei Männern und entsprechend langen Wartezeiten ist das Verlustrisiko für den Floater praktisch nicht existent. Der gleiche Mechanismus funktioniert auch in umgekehrter Richtung. Die Wahrscheinlichkeit, eine Rendite von 10% und mehr mit Aktienfonds zu erwirtschaften, steigt mit jedem Jahr, in dem das Vermögen ruht. Es resultiert somit eine optimale Konstellation für das Floating-Konzept.

Das Timing muss stimmen – Umschichtungen von Aktienfonds in sichere Zinspapiere

Die für den Floater bedrohlichste Situation tritt ein, wenn am Ende der Laufzeit ein Börsencrash die Rendite seiner Anlage erheblich reduziert. Kurz vor dem 50. Geburtstag lässt eine Baisse das angesparte Kapital z. B. um 30% an Wert verlieren. Der Floater wird auf einen Schlag aus allen seinen Träumen gerissen. Es ist nach dem drastischen Kursrückgang fraglich geworden, ob das übrig gebliebene Kapital ausreicht, um finanziell unabhängig zu sein. Damit dieses Horrorszenario vermieden wird, schichten umsichtige Anleger beizeiten um. Das Vermögen wird dann frühestmöglich aus dem Aktienfonds genommen und sicher in festverzinsliche Wertpapiere oder Festgelder angelegt.

An einem Beispiel lässt sich die oben dargelegte Vorgehensweise verdeutlichen: Der Floater möchte nach 25 Jahren ein Ziel-Endvermögen von ca. 1.308.000,– DM erreichen. Aufgrund einer überdurchschnittlichen Kursentwicklung ist der Wert des Aktienfonds bereits drei Jahre zuvor auf 1.068.000,– DM angewachsen. An diesem Vermögens-Zwischenstand angelangt, kann der Floater sein Risiko auf Null senken, ohne sein Ziel aus den Augen zu verlieren. Er legt das Geld für 36 Monate mit einer (bescheidenen) Verzinsung von 6% in festverzinsliche Wertpapiere an. Zusammen mit den 36 Monatsraten resultiert in jedem Fall ein zielkonformes Endkapital. Der Sparer hat damit sein Ziel sicher erreicht. In den letzten drei Jahren setzt er sein Vermögen nicht mehr der Gefahr eines Crashes aus.

Das oben Gesagte bedarf allerdings einer gewissen Einschränkung: Für den Floater wird ein Handlungsbedarf zur Umschichtung nicht als 50-Jähriger akut, sondern aufgrund der verbleibenden langen Lebenserwartung erst zu einem späteren Zeitpunkt. Verfügt er z. B. als 65-Jähriger über genug Geld, um auch von niedrig oder festverzinslichen Wertpapieren sicher leben zu können, ist eine Umschichtung zu diesem Zeitpunkt empfehlenswert. Auch im Hinblick auf eine bestimmte Höhe des Erbes kann ein gesichertes Endkapital von Belang sein. Sollte allerdings der Erbe das Vermögen nicht sofort verwenden, sondern die Aktienfonds-Anlage ruhen lassen, tendiert das Risiko – wie wir aus dem oben Gesagten wissen – erneut gegen Null.

Es wird in den späteren Lebensphasen noch darauf einzugehen sein, inwieweit Umschichtungen des Kapitals im Alter vorzunehmen sind. Eine Lösung stellen Vermögensanlagen dar, die eine Umschichtung der zum Laufzeitende riskanten Fonds auf sichere Rentenfonds automatisch vorsehen (u. a. DWS-Investmentrente, Deka-Concept oder DIT-Vorsorgeplan). Allerdings geschieht dies zu schematisch ab einem bestimmten Alterszeitpunkt. Die jeweilige Börsensituation bleibt völlig unberücksichtigt. Daher ist der Floater besser beraten, wenn er seine Anlage beobachtet und zum geeigneten Zeitpunkt die Umschichtung in Eigenregie vornimmt. Die Belohnung ist ein gesichertes Erreichen der Ziellinie.

Der Ausnahmefall – Verkauf eines Aktienfonds, wenn die Bullen an Kraft verlieren

Die Bullen sind das Sinnbild für eine optimistische Börse. Stehen die Zeichen dagegen auf Sturm und haben die Bären an der Börse die Oberhand gewonnen, durchschreiten Sie auch mit Ihren Fonds ein tiefes Tal der Tränen. Grundsätzlich können die Fonds zwar jederzeit verkauft werden, aber im Regelfall wird der Grundsatz beherzigt, dass Aktienfonds eine langfristige Kapitalanlage darstellen. Es wurde bereits davor gewarnt, sich innerhalb der zwölfmonatigen Spekulationsfrist von einem Jahr von den Papieren zu trennen. Allerdings kann ein Verkauf nach mehrjähriger überdurchschnittlicher Verzinsung durchaus in Erwägung gezogen werden. Dieses Mal steht aber nicht der Aspekt der Umschichtung im Vordergrund, sondern ein kurz- bis mittelfristiger Ausstieg und Wiedereinstieg. Ziel ist es, auf hohem Kursniveau das Fondsvermögens zu verkaufen und bei niedrigeren Kursen, die mit Sicherheit kommen werden, wieder einzusteigen. Der fünfprozentige Ausgabeaufschlag stellt bei dieser Strategie die Hürde dar, die es zu überwinden gilt. Die Direktbanken haben allerdings die Ausgabeaufschläge auf ca. 3 % reduziert, sodass die Barriere niedriger wird. Selbst bei Ihrer Hausbank sind in Abhängigkeit von der Höhe des Anlagebetrags bis zu 50 % Abschläge aushandelbar.

Das Hauptargument gegen einen kurzfristigen Ausstieg aus den Aktienfonds besteht darin, dass man sich in der

Börsensituation verschätzt. Der Aufschwung ist von längerer Dauer und die Abschwungphase ist kürzer als erwartet. Dieser Punkt ist sicherlich nicht von der Hand zu weisen, zumal man sich auch nicht von selbst ernannten Börsenpropheten täuschen lassen sollte, die Börsencrashes angeblich mit Gewissheit voraussagen wollen. Die Börse ist und bleibt ein chaotisches System. Niemandem ist der genaue Zeitpunkt bekannt, wann – um im Bild zu bleiben – die Bullen zu Bären werden. Es sind stets nur mehr oder weniger vage Vermutungen über einen bevorstehenden Kursabsturz möglich. Wie Sie sich entscheiden, hängt auch von Ihrem eigenen Marktgespür ab. Es ist sicherlich eine gute Strategie, sich von Teilen des Fondsvermögens zu trennen, wenn sich gefährliche Spekulationsblasen gebildet haben, warnende Analystenstimmen sich mehren oder eine drohende politische Krise vermutlich Kurskorrekturen auslösen werden.

Jetzt entscheiden Ihre Nerven – Kaufen in der Crash-Phase

Eine weitere geeignete Strategie zur Steigerung der Rendite von Aktienfonds (oder auch Einzel-Aktien) besteht darin, in der Krise zu kaufen. Der Crash oder ein etwas nachhaltigerer Kursrückgang (mindestens 20%) werden genutzt, um zusätzliche, verbilligte Anteile zu erwerben. Beim Floater, der regelmäßig 900,– DM für seine Aktienfonds-Anlage investiert, müssen die Gelder aus weiteren Einnahmequellen stammen. Dafür kommen z.B. zusätzliche Ersparnisse, ein Erbe oder Einkommensteuer-Rückzahlungen in Betracht. Sie profitieren dann von einem zweifachen Cost-Average-Effekt: Zum einen werden Sie im Zuge der monatlichen Anlagebeträge automatisch mehr Anteile bei niedrigen Kursen erwerben und zum anderen verstärken Sie diesen Effekt, wenn eine schwache Börse konsequent zum Nachkaufen genutzt wird.

Übrigens ist für den Floater, der mit dem Sparen mittels Aktienfonds beginnt, die Frage nach dem geeigneten Einstiegszeitpunkt unerheblich. Zu Beginn entspricht das Vermögen den wenigen angesparten Raten. Eine mehrmonatige Kurskorrektur würde sich eher positiv auf die späteren Einstiegskurse auswirken. Daher besteht kein Grund zu zögern. Starten Sie am besten sofort, um die Floating Time möglichst bald zu erreichen.

Welcher Fonds ist der richtige?

Aktienfonds sind sehr vielgestaltig. Einige beziehen sich auf Länder, bestimmte Wirtschaftsregionen (Eurofonds, Pazifikfonds) oder sind sogar weltweit orientiert (Globalfonds). Andere investieren gezielt in Wachstumsbranchen wie Internet, Telekommunikation, Biotechnologie oder Pharmkologie. Wiederum andere bilden einen Börsenindex möglichst genau nach, z. B. den Deutschen Aktienindex DAX.

Um den Japan-Effekt – eine extrem lang andauernde Phase bis zu neuen Kurshöchstständen – zu vermeiden, möchten wir Ihnen die **Globalfonds** empfehlen. Sie werden sich zu Recht in den nächsten Jahren einer wachsenden Beliebtheit erfreuen. Die Streuung der Risiken erfolgt durch weltweite Anlagen in Erfolg versprechenden Märkten. In der Tat können Sie dann behaupten, dass Ihr Geld rund um den Globus investiert ist.

Branchen- oder Spezialitätenfonds wurden erstmals Anfang der Achtzigerjahre aufgelegt. Zunächst fristeten sie ein Schattendasein. Mit der Globalisierung der Märkte, dem europäischen Binnenmarkt und dem Börsengang der Telekom kam für den gesamten Aktienmarkt und auch für die Branchenfonds die Wende. Seit 1997 sind hohe Zuwachsraten zu verzeichnen. Das dort angelegte Vermögen ist von 4,4 Mrd. DM (1997) auf 50 Mrd. DM sprunghaft gestiegen. Zukunftsträchtige Wachstumsmärkte wie z. B. Internet-Technologie, Telekommunikation, Biotechnologie, Pharma oder Genforschung entwickelten auf den Börsenplätzen dieser Welt eine bis dahin nie da gewesene Performance (Wertentwicklung). Zu den Favoriten der Anleger zählten fortan nicht mehr nur die Fonds mit den großen DAX- oder Bluechip-Werten, sondern vor allem junge, branchenorientierte Fondskreationen. Diese sind nicht mehr an Ländergrenzen gebunden – allein die Branche zählt. Allerdings gilt auch für Branchenfonds das eherne Gesetz der Kapitalanlagen: Die Rendite lässt sich nur auf Kosten der Sicherheit steigern. Bei einem Börsenrückgang sind bei den Branchenfonds wesentlich höhere Abschläge einzukalkulieren als bei den »soliden« DAX-Werten.

Branchenfonds sind wegen ihres höheren Risikos im Vergleich zu DAX-orientierten Fonds eher zur Beimischung in das Depot geeignet. Für einen Kauf kommen neben den genannten weitere Formen in den Wirtschaftssektoren Energie, Gesundheitswesen, Umwelt, Rohstoffe und Edelmetalle in Betracht. Dreht die Konjunktur in einer Branche ins Negative, ist ein frühzeitiges Wechseln in einen anderen Branchenfonds vorteilhaft. Erwarten Sie bitte an dieser Stelle keine Empfehlung von bestimmten Branchenfonds. Dies wäre ohnehin nur eine Momentaufnahme. Nahezu jeden Monat (zum Teil noch schneller) dreht sich das Karussell der favorisierten Branchenfonds. Um schnell in die Gewinnzone vorzustoßen, macht es zum Zeitpunkt des Sparbeginns mit monatlichen Raten aber schon Sinn, sich über die aktuellen Highflyer mit den besten Zukunftsperspektiven bei den Banken, im Fernsehen (n-tv, 3Sat-Börse, Bloomberg TV, N24 etc.) oder in den Fachzeitschriften zu erkundigen: »Börse Online«, »Der Aktionär«, »Fonds Magazin«, »Finanzen«, »Neuer Markt« etc.

Übrigens, einen langfristigeren Ansatz zur Branchenbeurteilung stellte der Russe Nikolai Kondratieff bereits im Jahre 1926 auf. Danach entwickelt sich die Wirtschaft stets in langen, regelmäßig wiederkehrenden Zyklen von Aufschwung und Rezession. Basisinnovationen wie die Dampfmaschine, das Automobil oder die Informationstechnologie stellten jeweils die Initialzündung für einen neuen Zyklus dar. Nach Expertenmeinung stehen fünf Branchen im Zentrum des nächsten (mittlerweile sechsten) Kondratieff-Zyklus': Informationstechnologie, Gesundheitstechnologie, Biotechnologie, Umwelttechnik und optische Technologien.

So genannte **Garantiefonds** werden mit Rückzahlungsgarantie z. B. von 75% oder 100% von den Fondsgesellschaften angeboten. Das klingt zwar verlockend, der Preis dafür ist aber eine Gewinnschmälerung. Die 100-%-Kapitalgarantie besagt, dass der Anleger nach einer bestimmten Zeit mindestens seine ursprüngliche Anlage zurückerhält. Ein Verlust ist ausgeschlossen – selbst im Falle eines Börsencrashs. Die 75-%-Variante weist aufgrund des gestiegenen Risikos auch die höheren Rendite-Chancen auf. Trotz des Garantieversprechens ist die Fondsgesellschaft auf der sicheren Seite. Sie legt den größeren Teil der Anlage in festverzinslichen Wertpapieren an, die genau zum Laufzeitende den eingezahlten Betrag sicherstellen. Der kleinere Restbetrag wird hochspekulativ angelegt, sehr oft in Termingeschäften. Kritisch ist anzumerken: Der spekulative Teil der Anlage wird quasi wie Spielgeld eingesetzt. Sein Wertzuwachs muss extrem hoch sein, um eine akzeptable Rendite für den Gesamtbetrag zu erzielen. Summa summarum liegen die

Erträge von Garantiefonds allerdings zumeist unter denen von Aktienfonds. Sollte das »Spiel« sogar einen negativen Verlauf nehmen, ist dieser Teil der Anlage wertlos geworden. Die Erträge stammen dann komplett aus den festverzinslichen Wertpapieren, mit der Folge einer Besteuerung zum persönlichen Einkommensteuersatz oberhalb der Freibeträge.

Mittlerweile werden auch **Fonds ohne Ausgabeaufschlag** angeboten, so genannte No-Load-Fonds. Sie werden von den Investmentgesellschaften mit dem Zusatz »Typ 0« (DWS) oder »AF« für »ausgabefrei« (DIT) ausgewiesen. Als Kosten berechnen die Banken eine höhere jährliche Verwaltungsgebühr von ca. 1,0 bis 1,5%. Bei langfristigen Engagements ist dies kostspielig, da die höheren Verwaltungsgebühren sich während der Laufzeit zu beträchtlichen Beträgen summieren. Die No-Load-Fonds sind ideal für Anleger, die ihre Strategie öfter ändern. Zu dieser Spezies zählen die Floater im Allgemeinen nicht.

Neben den Branchenfonds stellen **Indexfonds** einen weiteren Trend dar. Sie bilden einen Index nach, z.B. den Dow Jones, DAX oder EURO STOXX. Da Börsenindices immer wichtiger für die Anlageentscheidung werden, haben die Indexpapiere in den letzten Jahren ständig an Bedeutung gewonnen. Dies hängt auch damit zusammen, dass die wenigsten Fondsmanager den Index schlagen, auf dem ihr Fonds basiert.

Neu am Markt angeboten werden **branchenbezogene Dachfonds**, die sich mosaikartig aus verschiedenen Branchenfonds zusammensetzen. Anbieter ist z.B. die Frankfurter Commerzbank. Der Floater, der 20.000,– DM angespart hat, kann dort einen Dachfonds mit sieben integrierten Branchenfonds kaufen. Der besondere Vorteil: Wenn Ihnen ein einzelner Branchenfonds zu riskant ist, bietet der Dachfonds eine ideale Alternative. Durch den Einbezug mehrerer Wirtschaftszweige, die sich in unterschiedlichen Entwicklungsphasen befinden, wird eine breite Risikostreuung erzielt. Die Dachfonds enthalten sowohl neue Branchen wie Biotechnologie oder Internet als auch etablierte Wirtschaftszweige wie den Reise-, Energie- oder Rohstoffsektor.

Aktienfonds-Sparpläne mit monatlichen Einzahlungen, die für das Erreichen der Floating Time von ausschlaggebender Bedeutung sind, werden von den Banken bereits ab 100,– DM angeboten. Der avisierte Sparbetrag von 900,– DM in der ersten Lebensphase des Floating-Konzepts bewegt sich somit weit über diesem monatlichen Mindestanlagebetrag.

Die Wahl der Direktbank

Das Sterben der Bankenfilialen geht mit dem Aufschwung der Direktbanken Hand in Hand. Häufig handelt es sich dabei um Ableger der deutschen Großbanken, etwa im Fall der Advance Bank, Brokerage 24 oder Comdirect. Ziel ist es, eine zweigleisige Strategie zu fahren: Während die vermögende Kundschaft weiterhin individuell betreut wird, sind für die schon seit langer Zeit unrentablen Kleinkunden weitgehend standardisierte Produkte via Online- oder Direct-Banking vorgesehen. Um die günstigen Konditionen der Direktbanken in Anspruch zu nehmen, wird der Floater daher ohne eine intensive Face-to-Face-Beratung auskommen müssen. Nach der Lektüre dieses Buches ist er allerdings in der Lage, seine grundsätzliche Anlagestrategie eigenständig festzulegen und die erforderliche Beratungsintensität zu senken.

Zu den etablierten Direktbanken, die ein umfangreiches Aktienfonds-Angebot führen, zählen u. a.:

Direktbank	Anschrift	Tel. Nr.
BHW Bank	Lubahnstr. 2, 31789 Hameln	08 00/8 08 08 02
Brokerage 24	keine Anschrift	0 18 03/24 00 23
ConSors	Johannesgasse 20, 90402 Nürnberg	0 18 03/25 25 03
Direkt Anlage Bank	Landsberger Str. 428, 81241 München	0 18 02/25 45 00
Comdirect	Pascalkehre 15, 25449 Quickborn	0 18 03/44 45
Advance Bank	Putzbrunner Str. 71, 81739 München	0 18 03/33 00 00

Bei der Auswahl der Direktbank sind die Ausgabeaufschläge der Fonds, d. h. Depot- und Verwaltungsgebühren, sowie die Höhe der Mindestanlagesumme zu vergleichen. Speziell bei Aktien die Kauf- und Verkaufsgebühren (Provisionen), Maklercourtage, Auslagenersatz, Liefer- und Depotgebühren. Schließlich sind Kosten für Zusatzleistungen etwa Limits, Stop-Loss-Aufträge oder Zeichnungen zu berücksichtigen. Während die Aufschläge bzw. Kaufgebühren für Aktienfonds bei den Filialbanken bis zu 5 % betragen, unterbieten die Direktbanken diese Sätze um 40 bis 50 %! Hinzu kommt, dass die Hausbanken beim Verkauf lediglich ihre eigenen Fondsprodukte in den Vordergrund stellen, während die Direktbanken neutraler agieren können. Sie führen auch die Produkte der Deutschen Bank (DWS) oder der Dresdner Bank (DIT), wobei der Discount in diesen Fällen mit 25% niedriger ausfällt.

Neben den Preisen sind auch qualitative Faktoren wie der Service und die Beratungsqualität von Bedeutung. Die BHW Bank ermöglicht ihren Kunden, zwischen einem Beratungsdepot und einem Direktdepot (ohne Beratung) zu wählen. Für Floater, die erste Erfahrungen sammeln und flankierend zu ihren Entscheidungen Expertenwissen einfließen lassen möchten, ist es empfehlenswert, die höheren Gebühren für das Beratungsdepot in Kauf zu nehmen. Mit zunehmendem Börsen-Know-how kann zu einem späteren Zeitpunkt auf das Direktdepot umgestellt werden.

Die Achillesferse ist bei allen Direktbanken die telefonische Erreichbarkeit. Ist es nicht möglich, gerade in kritischen Börsensituationen mit Ihrer Direktbank telefonisch Kontakt aufzunehmen, da sämtliche Leitungen permanent belegt sind, kann dies finanziell viel weitreichendere Folgen haben als z. B. eine um 0,1% abweichende Verkaufsgebühr. In diesem Zusammenhang ist auch ein möglichst weites Spektrum an Kontaktmöglichkeiten von großer Bedeutung. Vergewissern Sie sich, ob neben der telefonischen Kontakaufnahme eine Internet-Order erfolgen kann oder ein komplexer Fax-Server mit vielen Amtsleitungen einen Kauf bzw. Verkauf von Aktien ermöglicht. Wichtig ist auch, inwieweit die Direktbanken über ausreichende Flexibilität verfügen, um im Ernstfall personell rasch aufstocken zu können.

Die Höhe der Telefongebühren wird bei einem Vergleich häufig außer Acht gelassen. Dabei betragen die Kosten während eines Jahres mitunter ein Vielfaches der Depotgebühren. Sofern Sie die telefonische Auftragsvergabe bevorzugen, ist es daher zweckmäßig, auf eine kostenfreie 0800-Servicenummer oder eine 0180-Nummer mit der Folgeziffer 2, deren Gesprächsgebühren lediglich eine Einheit unabhängig von der Gesprächsdauer betragen, zu achten.

Die Direktbanken haben im Internet sehr gut aufbereitete und informative Websites entwickelt. Abrufbar sind u.a. Kurse, Chartverläufe, aktuelle Unternehmensnachrichten und ein Ausblick auf die zukünftigen Topperformer unter den Aktientiteln (Musterdepots etc.).

Internet-Adressen einiger Direktbanken

- www.advance-bank.de
- www.db24.de
- www.diraba.de
- www.consors.de
- www.comdirect.de
- www.bhw-bank.de

Schließlich einige empfehlenswerte Webseiten mit Fondsporträits, Newsletter, Linklisten und Aktienkursen. Zudem besteht die Möglichkeit, sein eigenes Depot einschließlich der Kursaktualisierungen zusammenzustellen:

- www.finanzenonline.de
- www.investornet.de
- www.börsenlink.de

Eine Auswahl stark nachgefragter Fonds

In der folgenden Übersicht haben wir Ihnen einige der 1999 am meisten bei Direktbanken nachgefragten Fonds mit überdurchschnittlicher Wertentwicklung zusammengestellt:

	Performance 1999 (in %)	Ausgabeaufschlag (in %)	Wertpapierkennnummer
Dac Fonds UI	148,6	4,00	978172
Julius Bär Multi. Special German Stock B	103,8	0,00	986012
Nordinternet	225,5	1,25	978530
DWS Telemedia	113,0	3,00	847421
DWS US-Technologie Typ 0	146,7	0,00	976981
DWS Deutsche Aktien Typ 0	54,2	0,00	847428

Quelle: Feri Trust, Angabe der Gesellschaften, BVI, eigene Recherchen

Die zehn am häufigsten bei der Direkt Anlage Bank 1999 nachgefragten Fonds erzielten eine Durchschnittsrendite von 120,8% (!). Nochmals sei aber betont: Die Ergebnisse lassen sich nicht einfach in die Zukunft fortschreiben. Den guten Jahren werden auch schlechte mit Negativrenditen bzw. Verlusten folgen. Zu berücksichtigen ist, dass die Mehrzahl der oben aufgeführten Fonds erst seit relativ kurzer Zeit am Markt angeboten wird. Ein mehrjähriger Vergleich der Wertentwicklungen ist daher zum gegenwärtigen Zeitpunkt nicht möglich.

Fazit: Wir haben aufgezeigt, dass Aktienfonds in der Tat ein für den Floater äußerst komfortables Anlageinstrument darstellen, bei dem er sich nicht täglich mit dem Börsengeschehen auseinander setzen muss. Es wurden allerdings auch Möglichkeiten aufgezeigt, in bestimmten Börsensituationen einzugreifen. Dazu ist lediglich eine mittelfristige Marktbeobachtung erforderlich.

Aktienfonds – renditestark und mit ausgewogener Risikostruktur

Sind Sie immer noch skeptisch im Hinblick auf die Risiken, die ein Aktienfonds in sich birgt? Berücksichtigen Sie zum einen, dass Anlageformen existieren, die weit risikoreicher sind. So verfügen Einzel-Aktien nicht über die Risikostreuungsfunktion der Fonds. Die Anleger sind auf Gedeih und Verderb einzelnen Unternehmensergebnissen ausgeliefert. Kippt bei Fonds dagegen ein einzelnes Papier, wirkt sich dies nicht in entscheidendem Maß für das Gesamtportefeuille aus. An der Spitze des Risikospektrums stehen Optionen und Warentermingeschäfte. Im Vergleich dazu sind Aktienfonds geradezu Witwen- und Waisenpapiere. Zum anderen sind Aktienfonds – und das wird für viele überraschend sein – langfristig weniger riskant als klassische Kapitallebensversicherungen oder festverzinsliche Wertpapiere. Wird nämlich das Risiko eines Aktienfonds mit fortschreitender Laufzeit immer geringer, erhöht es sich bei den »sicheren« Anlageformen aufgrund der Inflation. Zwar besteht gegenwärtig kein Grund zu der Annahme, dass eine Hyperinflation bevorsteht. Aber bereits eine »galoppierende« Inflation würde eine beträchtliche Entwertung Ihrer Geldwertanlagen zur Folge haben. So verhallen seit der Einführung des Euros die Stimmen der Gegner nicht, die vor möglichen Preissteigerungsgefahren warnen. Aktienkäufer kann dieses inflationsbedingte Schicksal nicht treffen. Sie erwerben Anteile von Unternehmen, die sich aus Gegenständen und Immobilien zusammensetzen. Diese Substanzwerte stellen genauso wie Immobilien inflationsgesicherte Anlageobjekte dar. Insofern kann die verbreitete Auffassung von sicheren Kapitallebensversicherungen und risikobehafteten Aktienanlagen in langfristiger Sicht nicht aufrechterhalten werden. Aufgrund der kurzfristig heftigen Kursausschläge an der Börse hat sich der Irrglaube in weiten Bevölkerungskreisen bis zum heutigen Tag gehalten. Eine Ausnahme bilden lediglich die Versicherungsfonds, die Aktienanteile aufweisen (fondsgebundene Lebensversicherungen) und dadurch für den Anleger auch lukrativer als die klassischen Lebensversicherungen sind.

Wird die Risikoneigung von Frauen und Männern verglichen, ist festzustellen, dass Frauen ein ausgeprägteres Sicherheitsbedürfnis empfinden. Selbst bei einem günstigen Chancen-Risiko-Verhältnis, wie bei Aktienfonds, zögern sie, ihr Geld profitabel anzulegen. Männer setzen dagegen im Zuge ihrer Geldanlagen in stärkerem Maß auf Renditen bzw. Wertzuwächse. Sie haben auch besser für das Alter vorgesorgt. Dagegen verfügen rund 75% der Rentnerinnen über weniger als 1.000,– DM im Monat. Ein Unterschied ist auch im Umgang mit Geld auszumachen. Während Männer nicht selten das Spielen mit Zahlen und Bilanzen zur Stärkung ihres Selbstwertgefühls einsetzen, betrachten Frauen ihr Leben und ihren beruflichen Erfolg als zwei völlig getrennte Dinge. Die Distanz zu finanziellen Fragen ist auf das klassische Rollenbild zurückzuführen. So fällt es vielen Frauen immer noch schwer, in Einstellungsgesprächen nach dem Gehalt zu fragen, Schulden aufzunehmen oder Geld selbstbewusst auszugeben. Aber die emanzipatorische Wende zeichnet sich bereits deutlich ab: Mehr als die Hälfte der Frauen sind heute berufstätig – teilweise aufgrund gestiegener Scheidungsraten – und über 600.000 leiten ihr eigenes Unternehmen. Auch die Finanzinstitute stufen Frauen zunehmend als äußerst lukrative Zielgruppe ein. Und eines ist sicher: Die »neuen« Frauen werden auch zu dem Personenkreis gehören, der die ausgewogene Risikostruktur der Aktienfonds mit langfristig hohen Renditen zu schätzen weiß.

Drum prüfe, wer sich ewig bindet …

Ein wichtiges Kriterium stellt die Wertentwicklung im Vergleich zu ähnlichen Produkten dar. So macht es nur Sinn, einen Biotechnologie-Wert mit der eigenen »Spezies« zu vergleichen und nicht etwa mit konsumorientierten Fonds. Weiterhin ist die Performance der Fonds im Verhältnis zu den entsprechenden Marktindices (z.B. Neuer-Markt-Index) von Bedeutung. Dabei werden üblicherweise ein bis drei Jahre zugrunde gelegt. Dies kann mitunter daran scheitern, dass insbesondere die renditeattraktiven neuen Fonds noch gar nicht so lange auf dem Markt sind. Nun könnte man argumentieren: »Eigentlich ist es doch ziemlich egal, ob ich die Fonds z. B. bei der Commerzbank oder der Dresdner Bank erwerbe.« Aber – weit gefehlt. Die Wertentwicklung bei ähnlich gelagerten Fonds könnte kaum unterschiedlicher ausfallen!

Fonds mit europäischen Aktien

		Wertzuwachs	
		ein Jahr	drei Jahre
Spitzenposition	DIT Aktien Europa AF	112,9%	314,5%
Mittelfeld	Invesco Continental Europe A	87,9%	185,0%
Abstiegszone	Prumerica European Gr. A	52,4%	132,5%

Quelle: Standard & Poor's/Micropal, in: »Börse Online« 10/2000, S.79.

Der Unterschied ist immens. Allein ein jährlicher Renditeunterschied von 10% gegenüber 13% würde in 25 Jahren bei einer Einmalanlage eine ca. 95%ige Wertdifferenz zur Folge haben! Das bedeutet: Anstatt 100.000,– DM hätten mit einem besseren Fonds auch 195.950,– DM erzielt werden können. Und die prozentualen Unterschiede sind bei den drei oben aufgeführten Fonds noch weit größer als 3%!

Der Auswahlentscheidung liegt eine zentrale Annahme zugrunde: Der Aktienfonds mit der besten Wertentwicklung in den vergangenen Jahren wird auch zukünftig die beste Performance erzielen. Vielfach ist diese Vermutung zutreffend. Mitunter steigern sich die Anlageexperten der »Underperformer-Fonds« aber auch, da sie unter gesteigertem Erwartungsdruck der Kunden und der Vorgesetzten stehen. Zudem entwickeln sich Fonds mit zurückgebliebenen Werten in der Folgeperiode nicht selten überdurchschnittlich. Auch ein personeller Wechsel kann das oben angeführte Kriterium zur Fondsauswahl relativieren. Wechselt ein Topanlagemanager das Unternehmen, muss sein Nachfolger erst einmal seine Leistung unter Beweis stellen. Kleinere Fondsgesellschaften trifft dabei ein personeller Wechsel härter als die Großbanken.

Trotz dieser Einschränkungen basieren die meisten Vergleiche von Aktienfonds auf der vergangenen Wertentwicklung. Um sich möglichst umfassend zu informieren, ist es empfehlenswert, sich die aktuellen Fondstests von den Finanz-Fachzeitschriften oder Wirtschaftszeitschriften zuschicken zu lassen.

Ein weiteres Kriterium bei der Auswahl von Aktienfonds sind sicherlich die zu zahlenden Gebühren. Allerdings sollte diesem Punkt auch nicht zu viel Beachtung geschenkt werden. Die Performance ist von weit größerer Bedeutung: Ein am Neuen Markt investierter Fonds mit 25 %iger jährlicher Rendite und 2 %igen Verwaltungsgebühren p. a. ist für den Anleger weitaus attraktiver als ein 10 %-Fonds mit 1 % jährlichen Gebühren.

... und noch mehr Fonds

Mischfonds

Wem Aktienfonds trotz der aufgezeigten Maßnahmen zur Begrenzung des Verlustrisikos zu riskant erscheinen, kann in Mischfonds anlegen. Die Mischfonds investieren sowohl in andere Renten- als auch Aktienfonds und fungieren dabei als Dachfonds. Anhand von Sparplänen wird Kleinanlegern eine flexible Vermögensverwaltung ermöglicht. Die ehemals hohen erforderlichen Summen von 20.000,– DM und mehr gehören mittlerweile der Vergangenheit an. Je nach Risikoneigung können Sie zwischen wachstumsorientierten Varianten mit hoher Mindest-Aktienquote und konservativen Varianten mit höheren Rentenanteilen wählen. Ein Vergleich der Renditen von Mischfonds und Aktienfonds fällt eindeutig zugunsten der Aktienfonds aus. Ein guter Aktienfonds mit Schwerpunkt DAX-Werte erwirtschaftet ca. 11 bis 12 % p. a., ein Mischfonds etwa 6 bis 8 %. In Crashzeiten werden Sie sich allerdings über den Anteil an festverzinslichen Wertpapieren im Depot freuen. Bei boomenden Börsen werden Sie sich dagegen die Frage stellen, warum Sie nicht gleich einen Aktienfonds gekauft haben. So schöpften einige Mischfondsmanager selbst Ende des Jahres 1999 ihre Höchstquote an Aktien nicht aus, obwohl die Börse zu diesem Zeitpunkt ihre Aufschwungphase einleitete und die Herbstmonate ab November traditionell zu den wachstumsstarken Aktienperioden zählen. Hingegen siechten die Zinsen von festverzinslichen Wertpapieren auf trostlosem Niveau dahin. Sie waren für den Ertrag des Mischfonds nahezu bedeutungslos. Mit dieser Problematik, sichere, aber ertragsschwache Rentenpapiere im Depot zu halten, hängt zusammen, dass Mischfonds kaum eine ausreichende Rendite für den Beginn der Floating

Time erzielen werden. 10 % jährliche Verzinsung ist die Messlatte, um in 25 Jahren ein Vermögen angespart zu haben, dessen Zinsen dem Floater die finanzielle Unabhängigkeit gewährleisten. Es gibt folgende Möglichkeiten, um das avisierte Endkapital mit Mischfonds dennoch zu erreichen:

- Die Mischfonds erzielen während der 25 Jahre (erste Lebensphase) eine überdurchschnittliche Rendite;
- der Sparer erhöht seinen monatlichen Sparbetrag;
- neben den Mischfonds befinden sich auch Aktienfonds oder Aktien im Depot, die für einen Renditeausgleich sorgen;
- die Floating Time wird erst zu einem späteren Zeitpunkt realisiert.

Sollten Sie im Alter ein höheres Erbe erwarten, könnte auch aus dieser Quelle der Renditeausgleich stammen.

Fazit: Der Sparer, dessen Risikoneigung mit den Mischfonds im Einklang steht, sollte die wachstumsorientierte Variante wählen. Den Fondsmanagern wird dadurch ein größerer Entscheidungsspielraum eingeräumt, in bevorstehenden Bullenmärkten (hohe Kurssteigerungen) mit relativ hohen Aktienanteilen im Gesamtbudget agieren zu können.

AS-Fonds: Grundsolide und langweilig?

Die im dritten Finanzmarktförderungsgesetz von Oktober 1998 ins Leben gerufenen AS-Fonds (Altersvorsorge-Sondervermögen) waren als Leitmodell für die Altersvorsorge in ganz Europa geplant. Der Staat machte mit den AS-Fonds die Aktienanlage hoffähig. Angeboten werden sie von allen großen Fondsgesellschaften in Form von Sparplänen, deren Laufzeit mindestens 18 Jahre beträgt oder frühestens nach Vollendung des 60. Lebensjahres endet. Die AS-Fonds bilden das Pendant zu den schon lange existierenden Pensionsfonds in den USA und Großbritannien. Sie basieren überwiegend auf Substanzwerten in Form von Aktien und Immobilien. Bislang stellte sich der avisierte Verkaufserfolg allerdings nicht ein. Während die Kapitallebensversicherungen 1999 einen Mittelzufluss von 26 Milliarden DM verbuchen konnten, sind von den Deutschen nur 1,7 Mrd. DM in die AS-Fonds investiert worden.

Angedacht war, den Kapitallebensversicherungen Marktanteile abzuringen. Diese sind aus einem nahe liegenden Grund bis zum heutigen Tag so erfolgreich: Die Vermittler erhalten hohe Provisionen. Die Bemessungsgrundlage für die Provision bilden nicht die jeweiligen Einzahlungen, sondern die kompletten Versicherungssummen. Heerscharen von teilweise schlecht ausgebildeten Versicherungsvertretern springen darauf an. Die Provisionen, die dagegen auf Aktienfonds gezahlt werden, beziehen sich nur auf die tatsächlich eingezahlten Beträge.

Das den AS-Fonds zugrunde liegende Finanzmarktförderungsgesetz in der Fassung 10/98 stellte auf die stark ausgeprägten Sicherheitsbedürfnisse der Deutschen ab. Für eine ausreichende Risikostreuung sorgt die Verteilung des Fondsvermögens auf Aktien, Rentenpapieren – wie in Mischfonds – und zusätzlich Immobilien. Dabei dürfen die Aktien nicht weniger als 21 % und nicht mehr als 75 % ausmachen. Ferner darf der Immobilienanteil höchstens 30 % betragen. Zusammen entfallen auf Aktien und Immobilien mindestens 51 %, womit der überwiegende Substanzwert-Charakter der Anlage unterstrichen wird. Der gesetzliche Risikoschutz äußert sich auch darin, Optionen und Futures als spekulative Anlageformen grundsätzlich auszuschließen. Der Gesetzgeber sieht ferner vor, dass der Anleger nach drei Viertel der Laufzeit seine Anteile kostenfrei in sichere Rentenfonds tauschen kann, um das bis dahin angesparte Gesamtkapital nicht durch einen Börsencrash zu gefährden.

Unter dem Strich lässt sich feststellen: AS-Fonds sind nichts bahnbrechend Neues, eher alter Wein in neuen Schläuchen. Sogar der anfangs steuerlich in Erwägung gezogene Steuervorteil blieb aus. Während die Gewinnanteile von Kapitallebensversicherungen nach Ablauf von 12 Jahren steuerfrei sind, werden die Erträge der AS-Fonds trotz 18-jähriger Laufzeit nicht steuerlich begünstigt. Allerdings stellt das zugkräftige Verkaufsinstrument der Steuerprivilegierung für Kleinanleger oft gar keinen Vorteil dar. Sie erreichen ohnehin nicht die Freibetragsgrenzen (3.100,– DM für Alleinstehende/6.200,– DM bei Verheirateten). Den ersten Platz unter den 43 AS-Fonds (Stand 02/2000) nahm der DWS Vorsorge AS (Dynamik) der Deutsche-Bank-Tochter DWS ein. Das erwirtschaftete Plus von 76,3 % würde selbst bei Vergleichen mit Aktienfonds-Renditen in der oberen Tabellenregion platziert sein. Einbezogen in die AS-Fonds, die die hohen Renditen erzielten, sind nicht nur »konservative« DAX-Werte, sondern durchaus auch ausländische Aktientitel und sogar Werte des Neuen Marktes. Selbst die risikoärmeren AS-Fonds-Varianten erzielten aufgrund ihrer Aktienanteile noch höhere Renditen als Kapitallebensversicherungen. Trotz akzeptabler Ergebnisse sind AS-Fonds gewissermaßen Aktienfonds mit eingebauter Bremse in Form von Renten- und Immobilienwerten. In Anbetracht der oben aufgezeigten stabilen Risikosituation bei langfristigen Aktienfonds-Engagements stellt sich die Frage, ob der vermeintliche Zuwachs an Sicherheit die vergleichsweise schwächeren Renditen kompensieren kann. Bei anspruchsvolleren Zielsetzungen mit hohen Renditen ist es sicherlich zweckmäßig, eine AS-Fonds-Variante mit möglichst hohem Aktienanteil zu wählen. Wer dagegen mehr auf Sicherheit setzt, wird einen hohen Anteil von Rentenpapieren und Immobilien bevorzugen. Positiv anzumerken ist, dass der Sparer sich am Ende der Laufzeit zwischen der Auszahlung der Gesamtsumme und einem regelmäßigen Auszahlungsplan entscheiden kann.

Fazit: Für Floater, die den neuen Fondstyp erwerben möchten, wirkt sich positiv aus, dass langfristig ausgerichtete Sparpläne mit variabler Ratenhöhe möglich sind. Zinsen und Dividenden werden automatisch wieder angelegt und nicht an die Sparer ausbezahlt. Im Hinblick auf das angestrebte Ziel der frühzeitigen Beendigung der Berufstätigkeit sind konservative AS-Varianten mit hohen Immobilien- und Rentenwerten nicht zu empfehlen. Die progressiven Varianten mit höherem Aktienanteil sind grundsätzlich nicht ungeeignet, sollten aber aufgrund der geringeren Ertragsaussichten gegenüber Aktienfonds nur zweite Wahl sein.

Die Junior-Fonds für »Rich Kids«

Zunächst konzentriert sich der Floater auf seinen eigenen Vermögensaufbau. Schließlich ist seine Altersvorsorge erst am Ende der ersten Lebensphase sichergestellt. Nur für den Fall, dass es Ihnen z. B. ab dem 35. Lebensjahr finanziell möglich sein sollte, für Ihre Kinder einen weiteren, kleinen monatlichen Sparbetrag (z. B. Teile des Kindergelds) aufzubringen, möchten wir Ihnen eine geeignete Möglichkeit aufzeigen. Dabei handelt es sich um einen neuen, innovativen und kinderorientierten Weg. Bereits die Ausgangssituation macht einen Handlungsbedarf deutlich: Sofern für Kinder gespart wird, überwiegt bei den Deutschen immer noch das Sparbuch. Obwohl der Vermögensaufbau langfristig ausgerichtet ist, werden Aktien oder Aktienfonds nicht in Betracht gezogen. Ganz anders in den USA. Dort existieren sogar spezielle Kinderfonds, die zumeist Hersteller oder Dienstleister von kindernahen Produkten enthalten. Ein zusätzlicher Effekt: Um den Kindern das Abc der Geldanlage zu vermitteln, z. B. mit kindgerecht aufbereiteten Comics, sind in den Fonds Werte wie Coca-Cola, Walt Disney, McDonald's, Nintendo oder Mattel enthalten. Die Folge: Das Interesse vieler Jugendlicher am Sparen erhöht sich deutlich. Teilweise kaufen die Eltern die Anteile auch direkt bei den »Jugendfirmen«. Das Uniform Gift to Minors Account (Geschenkdepot für Minderjährige) wird dabei von einigen Unternehmen kostenfrei angeboten.

In Deutschland sind die noch selten offerierten Aktiensparpläne die richtige Wahl. Die Deutsche Bank 24 bietet z. B. die DAX-100-Werte für 5 Euro je Sparrate (monatlich mindestens 100 Euro) zzgl. 0,42 % des Auftragsvolumens an. Um die Gebühren prozentual niedrig zu halten, ist es zweckmäßig, bei kleineren Beträgen vierteljährliche statt monatliche Ratenzahlungen vorzusehen. Schließlich noch ein Hinweis, falls nicht Sie, sondern Ihre Eltern oder die Taufpaten für die Kinder monatliche Beträge ansparen möchten: Überzeugen Sie sie doch von den Vorzügen des Fondssparens.

Einzel-Aktien – für Kenner

Alljährlich werfen Affen in der Wall Street mit Dartpfeilen auf Aktien und erzielen damit zumeist bessere Ergebnisse als die Börsenprofis. Da passt es ins Bild, dass eine neue Untersuchung des Max-Planck-Instituts zu folgendem Ergebnis gelangt: Professionelle Broker erzielen häufig keine besseren, sondern eher schlechtere Ergebnisse als Amateur-Anleger. Der Hauptgrund liegt in einer Selbstüberschätzung, die irgendwann zu Verlusten führt. Halten sich die »Privat-Broker« dagegen an bestimmte Verhaltensmuster, z. B. Aktien mindestens ein bis zwei Jahre zu halten und die Risiken zu streuen, sind sie zumeist erfolgreicher. Für Floater, die ihrem Depot Einzel-Aktien beimischen, haben wir eine Reihe von Tipps und Tendenzen zusammengefasst. Dabei kommen auch psychologische Anmerkungen nicht zu kurz. Denn vieles an der Börse ist Psychologie.

- Der Aktienkursverlauf unterliegt bestimmten zeitlichen Regeln, ohne dass sich daraus Gesetzmäßigkeiten ableiten ließen. So steigen die Kurse vor Wochenenden und in der Woche vor Feiertagen (z. B. vor Ostern) als Folge des Gute-Laune-Phänomens tendenziell an. Überproportionale Kursanstiege sind zudem in den letzten beiden Monaten des Jahres (November und Dezember) zu verzeichnen. Dagegen ist der Mai eher als Ausstiegszeitpunkt zu betrachten: »Sell in May and go away.«
- Aktienkäufer neigen dazu, Verluste zu lange hinzunehmen und Gewinne zu schnell zu realisieren. Der Wunsch, immer richtig liegen zu wollen, veranlasst sie dazu.
- Viele Anleger betrachten lediglich die Einzelwerte in ihrem Depot und treffen daraufhin ihre Verkaufs- oder Kaufentscheidungen. Viel entscheidender ist aber, wie sich ihr Gesamtdepot entwickelt.
- Aktienkauf auf Kredit ist nichts für den Privatanleger.
- Ein Verlust lässt sich leichter verschmerzen, wenn man sich in guter Gesellschaft (Bekannte oder Börsenexperten) fühlt. Ganz nach dem Motto: »Geteiltes Leid ist halbes Leid.«
- Anleger weisen in ihrem Verhalten die Tendenz auf, ihr Risiko zu erhöhen. Erst Fonds als Einstiegsdroge, dann Aktien als Muntermacher und schließlich Optionsscheine als Rauschmittel. Die anfänglichen Anlageerfolge verleiten zu höherem Risiko mit höheren Geldeinsätzen. Aber Vorsicht ist geboten: Ein Crash oder der Totalverlust bei einem Optionsschein gefährden nahezu auf einen Schlag die zuvor erzielten Gewinne. Vorschlag: Nehmen Sie sich fest vor, welches Ihre riskanteste Anlageform ist, die Sie eingehen, z. B. Einzel-Aktien im Neuen Markt bei einem Einsatz von 15.000,– DM. Lassen Sie das Risiko niemals darüber hinaus wachsen.
- Anleger bewerten Verluste höher als Gewinne in gleicher Größenordnung. 10 % Verlust belasten die Psyche im Allgemeinen schwerer, als ein 10 %iger Anstieg sie entlastet bzw. beflügelt.
- Behalten Sie stets eine Sicherheitsreserve. Kommt es zu Kursdellen oder sogar zu einem Crash, ist stets ein Nachkaufen bei attraktivem, niedrigen Kursniveau möglich.
- Mitunter ist viel Geduld erforderlich, um bei hohem Kursniveau niedrige Aktienkurse als idealen Einstiegszeitpunkt abzuwarten. Die nächste Abschwungphase kommt aber ganz bestimmt.
- Alles nur auf eine einzige Aktie zu setzen ist viel zu riskant. Kaufen Sie nicht weniger als fünf Aktien, am besten in unterschiedlichen Branchen und nicht nur aus einem Land, und

nicht mehr als 10 Titel, um die Übersicht und Kontrollmöglichkeit nicht zu verlieren.

- Aktien sind stets mittel- bis langfristige Anlageformen. Ist das Geld für das Auto im nächsten Jahr fest eingeplant, vergessen Sie am besten Ihr Aktien-Engagement.
- Setzen Sie bei jedem Kauf von Aktien gleichzeitig Stop-Loss-Marken. Sie bewirken damit nicht nur, dass sich Ihre Verluste in Grenzen halten. Vielfach werden die Aktientitel bei steigenden Kursen auch länger gehalten. In diesem Fall ist es zweckmäßig, die Stop-Loss-Marken von Zeit zu Zeit nach oben zu setzen. Für DAX-Werte sind sie enger zu setzen als bei Werten des Neuen Marktes mit größeren Schwankungsbreiten.
- Einen Teil Ihrer Aktien zu verkaufen, sobald die Kurserwartungen eingetroffen sind, ist zweckmäßig.
- Eine bekannte Strategie besteht darin, in jedem Wirtschaftssegment nur den Branchenführer auszuwählen. Der Vorteil: Im Fall von Kursrückschlägen sind bei den Marktführern Nachkäufe weniger riskant. In Deutschland zählen dazu: Siemens, Veba, Deutsche Bank oder DaimlerChrysler; in den USA: Philip Morris oder Coca-Cola; in Japan: Sony oder Toyota. Diese Qualitätsunternehmen werden niemals Konkurs anmelden. Kursrückgänge sind zwar auch bei den Branchenführern nicht zu vermeiden, aber es ist genauso sicher, dass sie wieder steigen.
- Ein erster Nachkauf bei fallenden Kursen wird häufig zu früh eingeleitet. Die Folge: Zu den tatsächlichen Kurs-Tiefstständen ist kein Kapital mehr vorhanden. Bei DAX-Werten sollte der Kurs um mindestens 30 % gefallen und zwischen Kauf- und Nachkaufzeitpunkt sollten nicht weniger als sechs Monate vergangen sein.
- Halten Sie sich stets vor Augen: Im Extremfall kann man das gesamte auf eine Aktie gesetzte Kapital verlieren. Beispiele: Bremer Vulkan, Nino, Commodore, PanAm oder Escom, die Konkurs angemeldet haben. Je größer das Unternehmen und je länger die Haltedauer der Aktie, desto sicherer wird die Anlage. Bluechips, d. h. international bekannte und solide Aktien, sorgen für einen ruhigen Schlaf.
- Es kann immer nur von begrenzter Dauer sein, wenn die Kurse den Gewinnen davoneilen. Beispielsweise waren die üblichen Kennziffern zur Aktienbeurteilung wie Kurs-Gewinn-Verhältnis oder Dividendenrendite zwischen November 1999 und Mitte März 2000 ohne Belang für die anhaltend positive Kursentwicklung vieler Aktien am Neuen Markt. Es war nur eine Frage der Zeit, bis die zweifelsohne zukunftsträchtigen Internet- oder

Telekommunikationsunternehmen wieder stärker auf Basis ihrer Erträge bewertet wurden. Ende März 2000 setzte die Kurskorrektur nach unten ein.

- Vorsicht mit der Turnaround-Methode, bei der Kurshalbierungen als Kaufsignal betrachtet werden. Dies gleicht einem Spieler, der in der Spielbank nach viermal Rot vermutet, dass jetzt endlich Schwarz kommen muss. Die Wahrscheinlichkeit ist aber immer gleich. Börsenweisheit in diesem Zusammenhang: »Never catch a falling knife.« Ausschlaggebend für die Kursentwicklung ist nicht ein zuvor erfolgter Kursrückgang der Aktie. Ausschlaggebend sind stets die zukünftigen Marktchancen des Unternehmens.
- Die Ansicht, Neuemissionen wiesen eine bessere Performance als etablierte Aktien auf, ist nur richtig, wenn man sie auf die Ausgabekurse bezieht. Allerdings erhält z. B. bei 25fachen Überzeichnungen kaum jemand die neuen Aktien zum Emissionskurs. Realistischer ist es daher, den ersten Börsenkurs zugrunde zu legen.
- Ein häufiger Fehler ist, nur auf deutsche Aktien zu setzen. Die Bekanntheit oder Vertrautheit mit bestimmten Unternehmen ist aber kein Erfolgskriterium. Der umsichtige Investor verteilt seine Anlagen dagegen auf stabile Märkte weltweit. Dadurch wird sein Depot sicherer.
- Um zu verhindern, dass Sie mit Ihrem eigenen Kaufauftrag den Kaufkurs in die Höhe treiben, ist es zweckmäßig, insbesondere bei Nebenwerten (enge Märkte) den Auftrag mit einem Limit zu versehen. Bei einem Kauflimit z. B. von 100,– DM erwerben Sie die Aktie nur bis zum Kurs des Limitbetrags und nicht darüber hinaus.
- Kennzahlen wie das Kurs-Gewinn-Verhältnis (KGV) oder der Gewinn pro Aktie (Dividendenrendite) sollten nur als Zusatzinformationen dienen. Studien bewiesen: Wer stets Aktien mit niedrigem KGV kaufte, erzielte unterdurchschnittliche Ergebnisse. Er kaufte lediglich die »lahmen Enten« auf dem Markt. Maßgebliche Informationen für den Anlageerfolg sind und bleiben die zukünftigen Marktchancen eines Unternehmens.
- Aktien, die einen Split (»aus eins mach zwei«) durchführen, sind überdurchschnittlich erfolgreich.
- Da Aktien in der Regel schneller fallen, als sie steigen, ist der Erwerb von Put-Optionsscheinen (Erwartung fallender Kurse) noch riskanter als der von Call-Optionsscheinen (Erwartung höherer Kurse). Vorsicht: Die Wahrscheinlichkeit, genau den richtigen Zeitpunkt zu treffen, ist verschwindend gering.

Fazit: Die Einzel-Aktienanlage ist sicherlich für den Floater ein geeignetes Instrument, um im Alter von 50 Jahren die finanzielle Unabhängigkeit zu erzielen. Allerdings steigt sein Risiko und damit die Gefahr, die Floating Time nicht zum avisierten Zeitpunkt zu erreichen. Auf Einzel-Aktien sollte daher nicht der Schwerpunkt der Anlage des Floaters beruhen. Zur Beimischung sind sie allerdings ideal geeignet.

Aktien-Sparen

Aktienfonds sind mittlerweile nicht mehr die einzige Möglichkeit, Sparpläne auf Aktienbasis einzurichten. So wird von der Bank 24 oder der Direkt Anlage Bank angeboten, auch Bruchteile einer Aktie in monatlichen Sparraten zu erwerben. Zuvor war es nicht möglich, eine bestimmte Aktie zu ordern, wenn z. B. ein Betrag in Höhe von 300,– DM angelegt werden sollte, die Aktie Ihrer Wahl aber einen Kurswert von 800,– DM besitzt. Das so genannte Aktien-Sparen stellt die Lösung dar. Gegen Gebühren in Form von pauschalen Wechselkosten können Sie sogar einen Wechsel der Aktientitel vornehmen.

Das Aktien-Sparen ist für Floater interessant, die Wert darauf legen, die Aktientitel selbst auszuwählen. Auf der anderen Seite ist damit ein wachsendes Risiko verbunden. Entwickelt sich die Aktie gut, wird es kein Problem sein, die dem Floating-Konzept zugrunde liegende jährliche Verzinsung von 10% zu erzielen. Erweist sie sich dagegen als Flop, hat der Floater mitunter alles verspielt. Das Aktien-Sparen ist daher eine geeignete Anlageform zur Beimischung. Neben der schwerpunktmäßigen Anlageform Aktienfonds hat sie sicherlich ihre Berechtigung.

Welche Anlageformen haben den Eignungstest bestanden?

Gesucht ist eine rentable Anlagestruktur, mit der sich das Ziel der Floating Time mit geringstmöglichem Risiko verwirklichen lässt. In erster Linie kommen dabei Aktienfonds in Betracht. Aufgrund ihres ausgezeichneten Chancen-Risiko-Profils bilden Bluechip-Fonds, Globalfonds und Neue-Branchen-Fonds

(TMT: Telekommunikation, Medien, Technologie) den Anlageschwerpunkt.

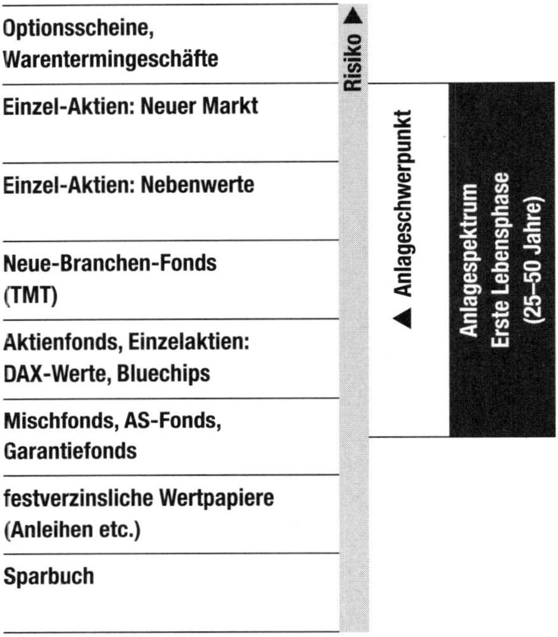

Das Risiko der Aktienfonds bei Laufzeiten von mehr als zehn Jahren ist als gering einzustufen. Es reduziert sich weiter, wenn die 25-jährige Laufzeit der ersten Lebensphase zugrunde gelegt wird sowie die vorgestellten Instrumente zur Minimierung des Verlustrisikos angewendet werden. Zudem trägt die Vielzahl von Aktien in den Fonds zur Risikostreuung bei. Der Gesetzgeber schreibt zwingend vor, dass ein Aktienfonds in die Wertpapiere von mindestens 20 verschiedenen Unternehmen investiert sein muss. Zudem darf eine einzelne Position 10 % des gesamten Fondsvermögens nicht überschreiten. Dieser umfangreichen Risikoabsicherung entspricht auch die Empfehlung von Verbraucherschutzorganisationen, Aktienfonds zur Altersvorsorge einzusetzen.

Es ist aus Risikogesichtspunkten nicht zu empfehlen, sein ganzes Geld auf einen einzigen Branchenfonds zu konzentrieren, auch wenn dieser als besonders lukrativ eingestuft wird. Stattdessen wählen Sie idealerweise eine Anzahl von zwei bis drei Branchenfonds aus oder investieren in einen branchenbezogenen Dachfonds mit gleicher Risikostreuungsfunktion.

Ferner gehören in ein ausgewogenes Portefeuille stets eine Reihe von großen DAX- oder Bluechip-Werten. In kritischen Börsenzeiten werden gerade die »alten«, etablierten Unternehmen von den Analysten (wieder)entdeckt. Denn im Gegensatz zu vielen anderen börsennotierten Werten erzielen diese bereits Gewinne, die langfristig zu einer höheren Kursstabilität beitragen. Die Werte im Neuen Markt sind dagegen geeignet, schnelle Kursgewinne zu realisieren. Mit ihnen ist aber die Gefahr verbunden, die Floating Time bei entgegengesetztem Kursverlauf leichtfertig auf das Spiel zu setzen. In Ihrem Depot sollten diese Papiere daher nie übergewichtet werden.

Der Eignungstest der Aktienfonds für das Floating-Konzept ist erfolgreich abgeschlossen. Mit Aktienfonds als schwerpunktmäßiger Anlageform in der ersten Lebensphase lässt sich das angestrebte Ziel des Floaters, mit 50 seine Berufstätigkeit zu beenden, realisieren. Für Länderfonds, Indexfonds oder Branchenfonds ist das Chancen-Risiko-Verhältnis als äußerst positiv einzustufen. Auf der anderen Seite sollte sich z. B. ein 33-Jähriger, dessen Aktien(fonds)anteil nur 25 % seines Gesamtbudgets beträgt, Gedanken über eine Umschichtung machen. Der Posten könnte in diesem Alter mindestens dreimal so hoch sein.

Aktiensparen, Aktienfonds und mit Einschränkungen Mischfonds und AS-Fonds sind die effektivsten Anlageformen für den jungen Floater. Inwieweit mit zunehmendem Lebensalter eine sukzessive Umschichtung in festverzinsliche Wertpapiere mit einer Durchschnittsverzinsung von 6 % zweckmäßig ist, sei infrage gestellt und hängt von der Risikoneigung des Anlegers ab. Einige AS-Fonds leisten dies bereits automatisch mit ihren Switch-Modellen. So wechselt der Anleger im Alter von 36 Jahren vom DIT-AS 35 in den DIT-AS 45 und schließlich in den DIT-AS 55 (ab 46 Jahren) mit jeweils ansteigender Quote von kursstabileren Zinspapieren. Auf diesen altersbezogenen Mechanismus ohne Berücksichtigung der Börsensituation ist bereits kritisch hingewiesen worden. Hinzu kommt, dass der Floater selbst mit 50 Jahren noch über einen weiten Anlagehorizont verfügt. In Anbetracht einer durchschnittlichen Lebenserwartung von 80 Jahren bei Frauen und 73 Jahren bei Männern ist eine Umschichtung weg von den Aktienfonds auch zum Ende der ersten Lebensphase nicht erforderlich.

Nachfolgend ein weiteres Beispiel. Es unterstreicht die langfristig richtige Strategie des Floaters mit Aktienfonds und Aktien auf eindrucksvolle Weise.

Ein konservativer Anleger legt sein Erspartes in Höhe von 60.000,– DM in festverzinsliche Wertpapiere an. Bei 7% jährlicher Rendite erzielt er in 20 Jahren folgendes Ergebnis:

Wert des Depots festverzinsliches Wertpapier	232.181,– DM

Dieses Resultat wird mit der wachstumsorientierten Anlage eines Floaters verglichen. Er streut sein Risiko auf zwei Aktienfonds und zwei Einzel-Aktien in unterschiedlichen Branchen. Dabei investiert er jeweils 15.000,– DM. Die Gesamtsumme beträgt ebenfalls 60.000,– DM. Nach zwanzig Jahren hat sich sein Depot folgendermaßen entwickelt:

Aktienfonds A	7% Rendite p. a.	**Aktie C**	Totalverlust
Aktienfonds B	16% Rendite p. a.	**Aktie D**	4% Rendite p. a.

Die Kursentwicklung sieht auf den ersten Blick alles andere als gut aus. Bei der Aktie D erhält er lediglich 4% Rendite. Die Aktie C, ein Viertel seines Geldes, ist wertlos geworden – Geldvernichtung pur. Der Aktienfonds A weist im Vergleich zu gleich gelagerten Aktienfonds eine unterdurchschnittliche Rendite von 7% auf. Lediglich mit der Wertentwicklung des Aktienfonds B kann er zufrieden sein. Der Anleger ist enttäuscht. Hätte er doch bloß auf die sicheren Zinspapiere gesetzt. In Wahrheit verhält es sich aber ganz anders. Ein Blick auf den Depot-Endbestand und die Skepsis des Floaters ist auf einen Schlag verflogen:

Aktienfonds A	58.045,– DM	**Aktie C**	0,– DM
Aktienfonds B	291.911,– DM	**Aktie D**	32.866,– DM
Wert des Depots	382.822,– DM		

Dieses erstaunliche Ergebnis ist Folge der geometrischen Steigerung des Zinseszinseffekts. Allein der Aktienfonds B erzielt ein um ca. 25% höheres Endkapital als die Gesamtanlage des konservativen Anlegers, der sich ganz auf die sicheren, festverzinslichen Wertpapiere verließ.

Fazit: Der wachstumsorientierte Sparer braucht selbst in der Situation nicht nervös zu werden, in der ein Teil seines Geldes dramatisch an Wert verliert. Dagegen wird er weit überproportional davon profitieren, dass sich dank der Risikostreuung auch hochrentable Aktien oder Aktienfonds in seinem Depot befinden. Am Ende liegt er beim Endkapital weit vorn.

Steuern und Anlageformen

Für die meisten Sparer sind Steueraspekte bei festverzinslichen Wertpapieren eher von untergeordneter Bedeutung. Ob letztlich wirklich Steuern gezahlt werden, hängt von der Ausschöpfung der steuerlichen Freibeträge ab. Erst wenn die Zinseinnahmen bei Einzelpersonen 3.100,– DM und bei Verheirateten 6.200,– DM überschreiten, setzt die Besteuerung in Höhe des persönlichen Einkommensteuersatzes ein. Wird von einer jährlichen Rendite von 6% ausgegangen, sind erst Anlagebeträge oberhalb von 103.333,– DM zu versteuern.

Neben Zinsen und anderen Kapitalerträgen stellen auch die Dividenden der Aktien grundsätzlich steuerpflichtige Einkünfte unter Berücksichtigung der oben genannten Freibeträge dar. In der Regel ist die Dividendenhöhe für den Ertrag eines Aktienpapiers im Vergleich zu den Kursgewinnen von untergeordneter Bedeutung. Dazu fallen die Ausschüttungen, die Unternehmen an ihre Anleger zahlen, zu gering aus. Bei vielen Highflyern am Neuen Markt sind sogar auf Jahre keine Gewinne und damit keine Dividenden zu erwarten. Die Kursgewinne der Aktien und Aktienfonds sind dagegen steuerfrei, wenn die Spekulationsfrist von einem Jahr abgelaufen ist oder die Freigrenze von 1.000,– DM nicht überschritten wird. Bei 1.001,– DM sind übrigens nicht 1,– DM zu versteuern, sondern der komplette Betrag. Darin besteht der Unterschied zum Freibetrag. Die Freigrenze gilt übrigens auch für etwaige Kursgewinne vorzeitig aufgelöster festverzinslicher Wertpapiere. Aktien sind wesentlich volatiler, d.h. in wesentlich stärkerem Maß Kursschwankungen unterworfen. Bei Kurssprüngen von 10% und mehr an einem Tag (insbesondere bei Werten des Neuen Marktes) fällt es nicht leicht, etwaige höhere Gewinne nicht sofort zu realisieren. In der Mehrzahl der Fälle zahlt sich ein längerer Atem aber aus. Nicht selten irren sich die »Zocker« am Aktienmarkt im Hinblick auf das tatsächliche Kurspotenzial einer Aktie. Selbst wenn sie ein Zwischenhoch richtig prognostiziert haben, ist es höchst unwahrscheinlich, dass bei einem erneuten Kauf die Aktie zum Tiefststand erworben wird. Häufiger liegen dagegen die geduldigen Anleger richtig, die bereit sind, mit ihren Aktien ein gewisses Tal zu durchschreiten. Schon in der nächsten Aufschwungphase werden sie mit neuen Höchstständen belohnt. Der kurzatmige Anleger dagegen zahlt u. a. Verkaufs- und erneut Kaufgebühren (ca. jeweils 0,5 %). Zudem unterliegen die Kursgewinne seinem persönlichen Steuersatz, sofern die Freigrenze von 1.000,– DM bereits überschritten ist. Allerdings lassen sich die Spekulationsgewinne mit Verlusten ausgleichen. Seit 1999 ist dies sogar ein Jahr vor und ein Jahr zurück möglich.

Haushaltsmanagement – die Kosteneinsparpotenziale

Auf dem schmalen Grat zwischen Sparsamkeit und Geiz

Nachrichten über Hungersnöte in vielen Teilen der Welt führen uns immer wieder vor Augen: Wir leben in Deutschland in einer Überflussgesellschaft, die ausreichend Reserven bietet, um Kosteneinsparpotenziale aufzudecken. Es ist für viele Bundesbürger ohne größeren Verzicht möglich, mehrere hundert Mark pro Monat zurückzulegen und sich damit dem Sparziel der Floating Time in Höhe von 900,– DM Schritt für Schritt zu nähern. Befürchtungen bestehen in unserer Gesellschaft häufig auf ganz anderer Ebene: Viele Personen haben Bedenken, dass mit einem Konsumverzicht, der für andere sichtbar ist, ein Prestigeverlust verbunden ist. Sie versuchen daher, versteckt zu sparen, ohne die nach außen erkennbaren Verbrauchsausgaben nennenswert einzuschränken. Bereits im Kapitel »Mithalten beim Konsumterror« ist festgestellt worden, dass letztendlich der Floater als Erster die Ziellinie überschreiten wird. Seine eindeutig festgelegte Zielsetzung motiviert ihn und trägt maßgeblich dazu bei, die Berufstätigkeit frühzeitig beenden zu können. Er ist von dem Floating-Konzept überzeugt und teilt anderen gern mit, wofür er spart. Für ihn besteht daher keine Veranlassung, eine Ausgabenkürzung als unangenehm zu empfinden. Dem teilweise inhaltsleeren Konsumrausch setzt er den faszinierenden Ausblick der Floating Time entgegen. Während er mit 50 bereits den eigenen Interessen nachgeht, bewegen sich seine Alterskollegen zu diesem Zeitpunkt in abhängigen Beschäftigungsverhältnissen an der kurzen Leine.

Wie kann der Floater sein Ziel verwirklichen? Vorstellbar ist, dass eine extreme Sparsamkeit ganz entscheidend zur Verwirklichung des Wunsches beiträgt. Auf diese Weise ließe sich sogar bei einem weit unterdurchschnittlichen Einkommen ein monatlicher Sparbetrag von 900,– DM aufbringen. Ein umfangreicher Konsumverzicht wäre in diesem Fall unvermeidbar. Es entstünde eine Situation, in der die Floating Time gewissermaßen als Paradies betrachtet wird, welches nur erreichbar ist, wenn man zuvor ein irdisches Jammertal durchschreitet. Der Floater ist aber kein Konsum-Asket, er ist vielmehr ein gebremster Lebemensch, der sich während und nach der Berufstätigkeit rundum wohl fühlt. Aus seiner Sicht stellt sich das Aufdecken von Kosteneinsparpotenzialen als übertrieben dar, wenn es zur Knauserei bzw. Pfennigfuchserei führt. In einem Buch wird dieser Gedanke weiter auf die Spitze getrieben, indem allen Ernstes empfohlen wird, Teebeutel zur Wiederverwendung an der Wäscheleine zu trocknen. Angeblich spart man dadurch in 40 Jahren ca. 10.000 DM. Verfolgt eine Person tagein, tagaus derartige Ratschläge, ist sie am Ende mit nichts anderem mehr beschäftigt. Es resultiert ein einseitiger Lebensentwurf, der sich in keinster Weise mit der Selbstkomplexität, dem abwechslungsreichen Freizeitprogramm und der harmonischen Lebensbalance beim Floating vereinbaren lässt. Der Floater sucht vielmehr den Einklang der Interessen im Rahmen seiner finanziellen Möglichkeiten, ohne dass seine Gedanken dabei zu sehr um den Faktor Geld kreisen. Er wechselt zwischen den Lebensinhalten und wird nie eine Idee, selbst wenn sie noch so verlockend ist, manisch oder in übertriebener Weise verfolgen. Ein Konsumverzicht wird zwar auch von ihm als erforderlich eingestuft, aber dieser geht nicht einher mit einer nennenswerten Einschränkung der Lebensqualität.

Es existieren einige Erklärungsversuche für die Entstehung eines übersteigerten Geizes. Danach entwickelt er sich insbesondere, wenn eine Störung des psychischen Gleichgewichts vorliegt. Betroffen sind in erster Linie Menschen mit Minderwertigkeitskomplexen, die mit Geld versuchen, Macht und Überlegenheit zu demonstrieren. Eine weitere Ursache liegt im Bereich der Erziehung. Sind Eltern sehr streng und distanziert, fehlt den Kindern das »Urvertrauen«. Das Geld nimmt rasch die Stelle der nicht vermittelten liebevollen Fürsorge ein. Die Persönlichkeit, die sich dabei herausbildet, neigt dazu, überordentlich, egoistisch und geizig zu sein. Der Kreislauf schließt sich, wenn die Kinder von knauserigen Eltern ebenfalls zu zwanghaften Sparern werden. Sie können häufig gar nicht anders.

Dem »Knickrigsein« werden seit jeher zahlreiche negative Eigenschaften zugeschrieben. Freiherr von Knigge urteilte: »Man kann sich keine Niederträchtigkeit denken, derer ein Geizhals nicht fähig wäre.« Wo aber hört die positiv einzustufende Sparsamkeit auf und wo beginnt der krankhafte Geiz? Eine Antwort findet sich direkt innerhalb des Floating-Konzepts: Ein Sparsinn kann als gesund eingestuft werden, wenn er der eigenen finanziellen Altersabsicherung dient. Der Floater schränkt sich in seinem Konsum nur in dem Maße ein und spart nur so lange, bis er von den Zinsen des Ersparten, ergänzt um die erworbenen Rentenansprüche, leben kann. Er häuft nach diesem Zeitpunkt nicht weiter zwanghaft Geld an. Dem Geiz setzt der Floater somit Sparsamkeit entgegen. Ihm ist auf seinem Weg zum frühzeitigen Berufsausstieg zu empfehlen, zum Spaß-Sparer zu werden, der es als sportliche Leistung oder als Jux versteht, mit Verkäufern Preise auszuhandeln oder nach Sonderangeboten Ausschau zu halten. Im Anschluss daran genießt er den Triumph des Schnäppchenjägers. Ein weiterer Vorteil ist, dass der Spaß-Sparer sich von Kaufzwängen, z. B. innerhalb des ausgabeintensiven Statusbereichs, kaum beeindrucken lässt. Im Zusammenhang mit der Kostspieligkeit bestimmter Konsumwünsche sind wir an einem Punkt angelangt, der ebenfalls in die richtige Richtung weist: Es kommt nicht darauf an, die vielen kleinen Ausgabebereiche zu senken. Die Auseinandersetzung damit kostet den Floater nur unnötig Zeit. Stattdessen geht es darum, die »Big Points« in den Verbrauchsausgaben ausfindig zu machen. Sie sind von ausschlaggebender Bedeutung für die Höhe des Sparvolumens. Die in vielen Bereichen angewendete 80:20-Regel trifft auch für Ihr Haushaltsbudget zu: 20% der Konsumgüter beanspruchen 80% der Ausgaben und umgekehrt entfallen auf 80% der Produkte lediglich 20% der gesamten Verbrauchskosten. Diesem letzten Fünftel werden wir uns in den weiteren Ausführungen nicht zuwenden. Viel entscheidender ist es, die großen Kostenblöcke ausfindig zu machen. Wir möchten Ihr Augenmerk dabei auf zwei Bereiche richten, das Wohnen (Immobilie) und das Kraftfahrzeug.

Bereits in den Erhebungen des Statistischen Bundesamts zum Verbrauchsverhalten der Deutschen (siehe Seite 36) ist deutlich geworden, dass auf die Ausgabenpositionen »Wohnen, Energie und Instandhaltung« (ca. 32%) sowie »Auto/Verkehr« (ca. 14%) ein großer Anteil des gesamten privaten Verbrauchs entfällt.

Immobilienerwerb – Der große finanzielle Kraftakt für die eigenen vier Wände

Für die große Mehrheit der Deutschen gilt der Kauf einer Immobilie immer noch als attraktivste Kapitalanlage für die Altersvorsorge. Nach einer von der Commerzbank in Auftrag gegebenen Studie steht für 81% der Befragten im Alter zwischen 25 und 55 Jahren die selbst genutzte Immobilie ganz hoch im Kurs. Demgegenüber werden Sparanlagen nur von 47% der Befragten als bedeutendste Quelle für die Altersversorgung eingestuft.

Von 100 Befragten antworteten auf die Frage: Welche Anlageform ist für Ihre Altersversorgung am wichtigsten?

Quelle: Commerzbank/Infratest/infochart

Immobilie zur Eigennutzung	81%
Wertpapiere	78%
Betriebliche Altersversorgung	76%
Private Rentenversicherung	69%
Immobilien zur Vermietung	64%
Kapitallebensversicherung	60%
Sparanlagen	47%

Die eindeutige Bevorzugung der selbst genutzten Immobilie bei der Altersversorgung kann aus einer reinen Renditebetrachtung heraus nicht erklärt werden. Lässt man nur die nackten Zahlen sprechen, so ließ sich im Durchschnitt der vergangenen 25 Jahre eine Verzinsung von ca. 5 % erzielen. Eine Anlage in Aktienfonds wäre hier rentabler gewesen. Auch bei vermieteten Wohnungen ist eine langfristige Rentabilität von 10 % als Messlatte für die Floating Time nicht realisierbar. Beim Eigenheimbesitz stehen jedoch andere Beweggründe im Vordergrund:

- Der Wohntraum für die gesamte Familie wird erfüllt.
- Stabile Sachwerte »zum Anfassen« nehmen die Angst vor einem finanziellen Desaster (Weltwirtschaftskrise, Inflationsgespenst).
- Die Immobilie ist die einzige Altersvorsorge, die man sofort genießen kann.
- Der persönliche Freiraum erweitert sich (keine Abhängigkeit vom Vermieter etc.).
- Es wird Eigentum erworben, evtl. als Erbe für die Kinder.

Der unbestritten hohe emotionale Wert der Immobilie veranlasst uns dazu, Gedanken darüber anzustellen, wie sich der Beitrag der Immobilie für die Altersvorsorge steigern lässt: Das Vermeiden von unnötigen Umbauten ist ein erster Lösungsansatz. Weiterhin ist es vorteilhaft, in nicht zu frühen Jahren mit dem Hausbau zu beginnen. Es sollten zunächst Ersparnisse aufgebaut werden, um die Zinsbelastungen von Baufinanzierungen zu senken. Ein weiterer Ansatzpunkt, Kosten zu sparen, besteht in wohn- und bautechnischen Empfehlungen, deren Darlegung allerdings den Rahmen dieser Ausführungen sprengen würde. Stichworte sind etwa: Verzicht auf den Keller, Kosten sparen durch Energie sparende Bauweise, Doppelhaushälften anstatt allein stehender Häuser etc. Abschließend möchten wir Ihnen eine neue Lösung aufzeigen, wie Sie das in Immobilien gebundene Kapital mobilisieren können.

Das Entsparmodell für das Eigenheim – Der intelligente Immobilien-Verzehrplan

Das im Folgenden vorgestellte Modell stammt aus Amerika und ist dort als »umgekehrte Hypothek (reverse mortgage)« bekannt. Es stellt eine völlig neue Perspektive dar, indem es älteren Eigenheimbesitzern ermöglicht, ihr Wohneigentum zu verrenten, d.h. bis zum Lebensende monatliche Einkünfte daraus zu beziehen.

Bei Ruhestandseintritt des Immobilienbesitzers finanziert eine »Immobilien-Treuhandgesellschaft« den so genannten Vorsorgewert, der aus dem marktüblichen Verkaufswert abzüglich eines Sicherheitsabschlags von ca. 20% resultiert. In Höhe des ermittelten Vorsorgewerts zahlt sie eine Einmalprämie in eine für den Eigentümer abgeschlossene Lebensversicherung ein. Daraus wird dem Eigenheimbesitzer eine lebenslange monatliche Rente garantiert. Im Todesfall übernimmt die Treuhandgesellschaft den Verkauf der Immobilie und führt darüber die Finanzierung des Einschusses in die Lebensversicherung zurück. Eine Beispielrechnung verdeutlicht die Zusammenhänge: Der Marktwert einer Immobilie beträgt 500.000,– DM. Bei einem Sicherheitsabschlag von 20% verbleibt ein Vorsorgewert von 400.000,– DM. Aus heutiger Sicht ergibt sich bei einem Einstiegsalter von 60 Jahren eine lebenslange Zusatzrente von ca. 2.200,– DM, die an den Eigenheimbesitzer jeden Monat gezahlt wird.

Tausende von Wohnungseigentümern, die entschuldetes Immobilienvermögen besitzen, werden aufatmen. Sie müssen ihr Immobilieneigentum bei Bedarf nicht mehr auf umständlichen Wegen beleihen, verkaufen oder sich auf das unsichere Pflaster einer Veräußerung auf Leibrente einlassen. Die Verrentung bietet eine bequeme Alternative, das eigene Heim Schritt für Schritt gegen sichere Rentenzahlungen von erheblicher Höhe eintauschen zu können, ohne sich um Wohnprobleme und den Verbleib des Hauses sorgen zu müssen. Das gewohnte Umfeld bleibt auf jeden Fall lebenslang erhalten.

Der einzige Wermutstropfen: Wenn Sie sich für das Entsparmodell entscheiden, können Sie das Haus oder die Wohnung nicht mehr an Ihre Nachkommen vererben. Oft wird dies auch gar nicht beabsichtigt, z.B. wenn Sie keine Erben haben, sich mit ihnen überworfen haben oder diese ausreichend versorgt sind. Zudem müssen Sie sich vertraglich verpflichten, im Laufe der Jahre alle notwendigen Instandhaltungsreparaturen durchzuführen, wobei dies nicht als Manko, sondern eher als Selbstverständlichkeit anzusehen ist.

Das Entsparmodell wird als die echte Altersvorsorge mit Immobilien bezeichnet. Ob es in Deutschland ähnlich erfolgreich sein wird wie in Großbritannien oder den USA, ist ungewiss. Dagegen spricht die hohe gefühlsmäßige Bindung an das Eigenheim, die bei den Bundesbürgern im internationalen Vergleich überdurchschnittlich hoch ausgeprägt ist. Tradierte Vorstellungen können sich allerdings als nicht mehr zeitgemäß herausstellen, wenn sie den Blick auf das Wesentliche und das rational Vernünftige verstellen.

Eines der Argumente, die für das Entsparmodell sprechen, ist die Mobilisierung des hohen gebundenen Kapitals. Endlich ist es für Eigenheimbesitzer möglich, nicht nur durch den Wegfall von Mietzahlungen, sondern darüber hinaus auch durch laufende Einnahmen in Form von Rentenzahlungen profitieren zu können.

Eine weitere Betrachtung setzt im Zusammenhang mit der Immobilie als vermeintlich unabdingbares Erbe an. Zu berücksichtigen ist, dass die Kinder zumeist ganz andere Wohnvorstellungen entwickelt haben. Für sie ist z. B. ein Haus auf dem Land eher ein Mühlstein am Hals, gerade wenn sie lieber in der Stadt wohnen. Zudem kann sich die Immobilie auch als Zankapfel für die Erben erweisen, wenn es wegen der weiteren Nutzung oder unterschiedlicher Ansichten hinsichtlich des Verkaufspreises zu Streitigkeiten kommt. Viel komfortabler ist für alle Beteiligten, die laufenden Renteneinnahmen aus dem Entsparmodell in Aktienfonds anzulegen, um auf diese Weise das Erbe zu maximieren. Das Argument, dass im fortgeschrittenen Alter Umschichtungen in sichere, aber renditeschwache Zinspapiere geboten sind, ist nicht zutreffend, da das Alter der Erben maßgebend ist. Wird der Nachlass nicht sofort eingesetzt bzw. verwertet, können die Aktienfonds auch im unglücklichsten Fall (einem Crash zum Zeitpunkt der erblichen Eigentumsübertragung) eine genügend lange Wartezeit durchlaufen, um die Kursverluste wieder auszugleichen. Alternativ kommt für die älteren Eigenheimbesitzer selbstverständlich auch in Betracht, die Renteneinnahmen für eigene Zwecke zu verwenden, zumal die Freizeitausgaben bekanntlich bis zu einem gewissen Alter steigen. Vielleicht gelingt sogar der große Wurf, welcher dem bereits erwähnten norwegischen Postboten glückte, als er sein Kindergeld in Aktien anlegte und zehn Jahre später zum 36-fachen Millionär wurde. Er brauchte sich anschließend keine Gedanken mehr darüber zu machen, den Kindern ein Erbe in ausreichender Höhe zu hinterlassen.

Das Auto ... des Deutschen liebstes Kind

Das Auto stellt in Deutschland seit vielen Jahren eine gewichtige Ausgabeposition innerhalb des Haushaltsbudgets dar. Mit gleicher Selbstverständlichkeit, wie man sich für ein paar Pfennige jeden Morgen Brötchen kauft, werden dafür monatliche Beträge zwischen 600,– und 1.500,– DM von den Bundesbürgern ohne weiteres aufgewendet. Dabei geht es letztlich nur darum, mit dem Fahrzeug von A nach B zu kommen. Auf der anderen Seite stellt das Auto für viele immer noch eines der wichtigsten **Statussymbole** dar. Insbesondere Männer nutzen den Imagetransfer, um sich mit Attributen von Jugendlichkeit, Sportlichkeit oder Dynamik zu schmücken. Das Verhältnis der Frauen zum Auto ist dagegen weitaus realitätsbezogener.

Aus den vorangegangenen Ausführungen ist mehr als deutlich geworden, dass für den Floater Statussymbole eher von untergeordneter Bedeutung sind. Dies gilt umso mehr für Wirtschaftsgüter, die wie das Auto in den letzten Jahren an Statuswert eingebüßt haben. Wichtiger und viel weniger peinlich als ein protziges Automobil sind heute nach innen gerichtete Zeichen der sozialen Stellung. Dazu zählen insbesondere der Bekanntenkreis oder der Einrichtungsstil in den eigenen vier Wänden, der auch nur einem ausgewählten Personenkreis zugänglich ist. Im krassen Gegensatz zu der geringeren Bedeutung des Autos als Statussymbol stehen die gestiegenen Kosten, die dafür aufgewendet werden. In der folgenden Tabelle sind die monatlichen Ausgaben nach Fahrzeugtypen aufgeführt.

Das Auto als Statussymbol		Das Auto als Fortbewegungsmittel		
Marke/Modell	**Kosten/Monat bei 15.000 km/Jahr (davon Wertverlust)**	**Marke/Modell**	**Kosten/Monat bei 15.000 km/Jahr (davon Wertverlust)**	**Ersparnis pro Monat**
BMW 520i	1.133,– DM (636,– DM)	**VW Golf 1,4**	608,– DM (262,– DM)	525,– DM
Mercedes E 200	1.205,– DM (727,– DM)	**Mercedes A 140**	669,– DM (326,– DM)	536,– DM
Opel Omega 2,5 TD	1.250,– DM (677,– DM)	**Opel Astra**	613,– DM (285,– DM)	697,– DM
Audi A6 TDI	1.381,– DM (766,– DM)	**Audi A3 1,9 TDI**	642,– DM (231,– DM)	739,– DM

Bei einem Verzicht auf eine Nobelkarosse resultieren hohe Einsparpotenziale. Es existiert innerhalb Ihrer privaten Ausgaben kaum ein Produkt, das maßgeblicher das Erreichen oder Scheitern auf dem Weg zur Floating Time beeinflusst. Ein Floater, der sich einen Audi A3 1,9 TDI anstatt eines Audi A6 TDI kauft, hat mit dieser Entscheidung einen Betrag gespart, der über 80% der monatlichen, zielkonformen Sparrate in Höhe von 900,– DM ausmacht! Die faszinierende Welt des Floating rückt in greifbare Nähe. Auf der anderen Seite verursacht ein Auto, das 30.000,– DM mehr kostet als ein anderes, eine zwölfmonatige längere Lebensarbeitszeit, um die Floating Time zu erreichen. Der an einem frühen Berufsausstieg interessierte Leser verzichtet daher lieber auf ein vermeintliches Statussymbol und gewinnt dafür die finanzielle Unabhängigkeit. Während andere in überfüllten Straßen mit ihrem Mercedes oder BMW zur Arbeit fahren, sind Sie mit Ihrem Polo bereits an der Côte d'Azur unterwegs.

Von allen Kostenpositionen (Versicherungen, Benzin, Reparaturen etc.) schlägt der Wertverlust des Autos am meisten zu Buche. Während ein Neuwagen bis zum vierten Jahr zwei bis drei Fünftel an Wert verliert, reduziert sich der Wertverlust beim Kauf eines zweijährigen Wagens bereits um die Hälfte. Die richtige Strategie des Floaters kann daher nur lauten: Verzicht auf Anschaffung eines Neuwagens, stattdessen Kauf eines zweijährigen »Gebrauchten«.

Zur Entdeckung weiterer Kosteneinsparpotenziale sind **Internet-Autobörsen** ideal geeignet. Sie bieten Datenbanken mit Tausenden von Offerten, die sich nach individuellen Suchkriterien steuern lassen. Einen neuen Trend greifen **Online-Auktionshäuser** auf, die gebrauchte oder neue Autos versteigern. Die Interessenten bieten online, wobei der Höchstbietende den Zuschlag erhält.

Einige Internetadressen, die zu empfehlen sind:

Online-Auktionen

• www.auktionen.de	• www.atrada.de	• www.eBay.de
• www.iTrade.de	• www.offerto.de	• www.ricardo.de

Neu- und-Gebrauchtwagen-Börse

• www.autoscout24.de	• www.autoprice.de	• www.dello.de
• www.faircar.de	• www.mobile.de	• www.webauto.de

Eine weitere Sparmöglichkeit stellen **Jahreswagenbörsen** der Autoproduzenten VW, Renault, Mercedes-Benz etc. dar. Die Angebote liegen rund 20 % unter den Listenpreisen.

Im Zuge Ihres Autokaufs ist darüber hinaus die Entscheidung von Bedeutung, ob Sie **die Autobank** oder **Ihre Hausbank** für einen Kredit in Anspruch nehmen (vgl. ergänzend die Ausführungen im Kapitel »Die Modell-Haushaltsrechnung«, Seite 37). Wenn Sie Ihr Auto über Ihre Hausbank finanzieren, kann sich eine verbesserte Verhandlungsposition ergeben, da Sie als Barzahler auftreten. Welche Alternative die günstigere ist, hängt davon ab, in welcher Höhe Sie einen Barzahlungsrabatt aushandeln können. Die folgende Tabelle gibt Ihnen Aufschluss darüber, welcher Kredit für Sie vorteilhafter ist.

Laufzeit (Monate)	**Effektiver Jahreszins der Hausbank** (in %)	**Effektiver Jahreszins Autobank** (in %)(Monate)					
		1,9	**2,9**	**3,9**	**4,9**	**5,9**	**6,9**
36	8	6,7	5,6	4,5	3,4	2,3	1,2
	9	7,7	6,6	5,5	4,5	3,4	2,3
	10	8,7	7,6	6,5	5,5	4,4	3,3
	11	9,6	8,6	7,5	6,4	5,4	4,3
	12	10,5	9,5	8,4	7,4	6,4	5,3

Lesebeispiel zur Tabelle: Die Autobank bietet Ihnen einen Effektivzinssatz von 2,9% an, die Hausbank verlangt 10%. In diesem Fall kommt der Hausbank-Kredit erst in Betracht, wenn ein Barzahlungsrabatt von mindestens 7,6% aushandelbar ist.

Schließlich drei Hinweise, sofern Sie in Erwägung ziehen, ganz auf ein eigenes Kraftfahrzeug zu verzichten. Personen, die wenig fahren, sollten einmal ausrechnen, inwieweit bedarfsweises **Taxifahren** günstiger ist. Beziffern sich die kompletten Kosten eines Fahrzeugs auf 700,– DM monatlich, erreichen Sie erst bei ca. 330 gefahrenen Taxi-Kilometern den Break-even-Point. In Anbetracht der hohen Kraftfahrzeugkosten gelangen zudem immer mehr Personen in Großstädten zu der Überzeugung, dass **Car-Sharing-Modelle** die bessere Alternative darstellen. In zunehmendem Maß werden auch **öffentliche Verkehrsmittel** genutzt, wobei der Umweltbeitrag ein zusätzliches Argument darstellt.

Heute sparen – morgen verdienen

Der Betrag, den Sie im Moment eines Konsumverzichts sparen, ist für Ihre Entscheidung gar nicht maßgebend. Von weit reichenderer Bedeutung ist die Summe, die Sie mit dem Ersparten nach einigen Jahren erzielen können. Jemandem, der heute 35 Jahre alt ist und 100,– DM nicht ausgibt, steht zu Beginn der Floating Time, im Alter von 50 Jahren, ein Betrag von 310,– DM real (!) zur Verfügung. Die Voraussetzung: Er hat das Geld in Aktienfonds mit 10%iger Durchschnittsrendite investiert.

Die zentrale Fragestellung im Zusammenhang mit dem Floating-Konzept lautet: Um wie viele Monate kann ich meine Berufstätigkeit verkürzen, wenn ich ein bestimmtes Produkt nicht erwerbe? Dazu ein Beispiel: Als 35-Jähriger beabsichtigen Sie, ein Cabriolet als Zweitwagen zu kaufen. Die Kostenhöhe beläuft sich auf 58.000,– DM. Um diesen Betrag bei einer monatlichen Sparleistung von 900,– DM (entspricht der Modellannahme) auszugleichen, muss der Betreffende zwei Jahre (!) länger arbeiten als der Aktienfondssparer, um das gleiche Endkapital im Alter von 80 Jahren zu erzielen. Die Wartezeit bis zur Floating Time dauert sogar noch länger, wenn das Fahrzeug finanziert wird und die Sollzinsen die zukünftige Sparleistung reduzieren. Es stellt sich hier die Frage, wie viele unnötige Konsumgüter wir uns bereits angeschafft haben. Und ob die Ausgaben es wert waren, den Eintrittstermin der Floating Time um Monate – mitunter sogar Jahre – zeitlich nach hinten zu verzögern? Die Ausgabe in Höhe von 58.000,– DM hat 440 zusätzliche Arbeitstage mit 8,25 Stunden pro Tag zzgl. zweijähriger Anfahrtszeiten verursacht. Bei Ihren nächsten Anschaffungen werden Sie diesen Aspekt sicherlich in Ihre Kaufentscheidung mit einfließen lassen.

Internet-Shopping – Sparen durch Informationsvorsprung

Die Internet-Revolution hat erst begonnen, aber die Erschließung des globalen Marktes per Mausklick eröffnet schon jetzt günstige Einkaufsmöglichkeiten durch grenzenlose Preisvergleiche. Weltweit gibt es bereits einige hundert virtuelle Shopping-Malls. Der Warenhauskonzern Karstadt z. B. bietet seine Produkte ab Herbst 2000 im Internet an. Um die Kunden zum virtuellen Einkaufsbummel zu motivieren, werden in 120 Karstadt-Häusern Internet-Cafés eingerichtet. Auch andere Anbieter wie Metro, Quelle, Otto Versand etc. sind auf dem Sprung ins Internet.

Das Internetshopping wird unterstützt durch Suchmaschinen wie **www.yahoo.de**, **www.fireball.de** oder **www.lycos.de**, die jeweils eigene E-Commerce-Rubriken haben. Es gibt auch schon spezielle Shopping-Suchmaschinen wie z. B. **www.shop.de**.

Für den Floater ist das Internet-Shopping besonders bei Reisen interessant. Da er gern neue Eindrücke sammelt und ein erlebnisreiches Leben führt, zählen Urlaubsfahrten zu seinen bevorzugten Hobbys. Das Internet bietet ihm eine umfassende Online-Tour durch alle Ferienziele mit zahlreichen, attraktiven Angeboten. Der Preisvorteil ist zumeist sogar größer als bei Last-Minute-Angeboten der Reisebüros, da deren Handelsspanne aufgrund der Direktbestellung entfällt. Für die effiziente Suche nach geeigneten Urlaubsangeboten sind u. a. folgende Adressen geeignet: **www.tr@vel.de**, **www.urlaubsreisen.com** oder **www.ats.de**

Trotz aller Verlockungen ist es nicht auszuschließen, dass es dem Floater gelingt, seine Urlaubsaktivitäten nach dem Motto »Willst du immer weiter schweifen? Sieh, das Gute liegt so nah!« (Goethe, »Erinnerung«) zumindest etwas einzuschränken. Wird z. B. »nur« jedes zweite Jahr eine Fernreise gebucht, lassen sich trotz der relativ günstigen Internet-Angebote beträchtliche Einsparungen erzielen. Wenn man berücksichtigt, dass gegenwärtig ein Trend zu kürzeren Reisen besteht, ist die Absicht, Tausende von Meilen hinter sich lassen zu wollen, ohnehin nicht ganz zu verstehen. Der Wunsch, Land und Leute kennen zu lernen, kann innerhalb weniger Tage nicht in die Tat umgesetzt werden. Sollte die Floating Time zeitlich nicht mehr allzu weit entfernt sein, stellt es sicherlich eine akzeptable Alternative dar, seine Urlaubsträume erst in der berufsfreien Zeit auszuleben, und zwar viel intensiver, als es »zwischendurch« der Fall sein könnte. In der Floating Time besteht die Möglichkeit, wirklich etwas von der fremden Kultur zu verstehen und vielleicht sogar die Sprache der Einheimischen zu erlernen.

Bei Reisebuchungen oder Bestellungen von Waren via Internet muss der virtuelle Einkauf natürlich auch bezahlt werden, am bequemsten geht dies mit der Kreditkarte. Dank moderner Verschlüsselungssysteme und Sicherheitsstandards wird diese Zahlungsart auch immer sicherer. Trotzdem warnen Verbraucherschützer vor Sicherheitsrisiken und empfehlen, zurzeit noch Lieferung per Nachnahme oder auf Rechnung zu bestellen. Außerdem muss klar sein, welche Versand- und Lieferkosten bei der Internet-Order anfallen. Zudem sind die Rückgabemöglichkeiten bei defekter Ware sowie die Umtauschrechte zu klären. Insbesondere beim Kauf im Ausland kann es zu unliebsamen Überraschungen kommen. Wenn nichts anderes vereinbart ist, gilt das Recht und der Gerichtsstand des Verkäufers. Vor dem Internet-Shopping sollte daher folgenden Punkten Beachtung geschenkt werden:

- Auf der Web-Seite muss erkennbar sein, wer dahinter steht. Der Geschäftsführer des Unternehmens sollte aufgeführt sein.
- Der Anbieter hat verständlich und umfassend über die gesamten Kaufkosten zu informieren.
- Es sollte durch den Verkäufer ein uneingeschränktes Rückgaberecht eingeräumt werden.

Der Preisagent – 007 im Supermarkt

Wer keine Zeit hat, selbst auf Schnäppchenjagd zu gehen, oder wem das Auswerten vieler Informationen zu mühselig ist, hat die Möglichkeit, eine Preisagentur in Anspruch zu nehmen, die mit großem Know-how die Preisrecherche durchführt.

Gegen eine Provision, die in der Regel bei etwa einem Drittel der eingesparten Summe liegt (eingesparte Summe = durch den Auftraggeber ermittelter Preis abzüglich den durch die Preisagentur ermittelten Preis), sucht die beauftragte Agentur innerhalb einer vereinbarten Frist für Sie das günstigste Angebot. Die Recherchen werden dabei genau nach Ihren Vorgaben ausgeführt.

Die Agenturen beschaffen nicht nur Objekte und Materialien aller Art, sondern vermitteln auch Dienstleistungen wie Gebäudereinigungen, Wachdienste, Wartungsverträge, Baumaßnahmen etc. Neben der Preisrecherche führen einige Anbieter auch Marktuntersuchungen durch und übernehmen ganz oder teilweise den Einkauf. In nahezu jeder deutschen Großstadt finden Sie eine Preisagentur. Im Internet verschaffen Ihnen u. a. folgende Adressen einen raschen Überblick: **www.preisring.de**, **www.preis-agentur.de** oder **www.ecocall.de**

Die Arbeit in der Zukunft

Eines steht fest: Zu den kommenden Gewinnern des Arbeitsmarkts werden diejenigen zählen, die eine hohe Flexibilität mitbringen. Das System, das auf einem lebenslangen Beschäftigungsverhältnis basierte, scheint nur eine Episode innerhalb der ökonomischen Geschichte zu sein. Neue Formen der Arbeitsvergabe stehen kurz vor dem endgültigen Durchbruch – beispielsweise die Telearbeit. Und auch der Selbstständigkeit kommt im digitalen Zeitalter eine größere Bedeutung zu. Das 25-jährige Dienstjubliäum wird dagegen in den Firmen zukünftig nur noch ganz selten zu feiern sein. Der Berufstätige fühlt sich weniger der Firma verbunden als vielmehr seinem Wissen, das einer permanenten Aktualisierung bedarf.

Die Projektarbeit wird zunehmend an Bedeutung gewinnen. Sie beinhaltet bestimmte Aufgaben, die in gemischten

Teams wahrgenommen werden. Freiberufler mit unterschiedlichen Qualifikationen werden dabei neben fest angestellten Kräften von den Betrieben immer häufiger eingesetzt. Insbesondere die Bereiche Werbung, EDV, Personal und Logistik unterliegen den Outsourcing-Tendenzen. Ein nicht unbeträchtlicher Teil der Erwerbstätigen – manche Experten gehen sogar von der Mehrzahl aus – werden am Ende des neuen Jahrzehnts selbstständig oder »scheinselbstständig« sein. Sie werden im Vorhinein nicht wissen, ob sie im Monat für 200 Stunden oder nur für 20 Stunden Aufträge erhalten; vielleicht auch nur für bestimmte Tage z.B. Freitag, Samstag und Sonntag. Da ein Einkommensbezieher kaum mehr für den Lebensunterhalt der gesamten Familie aufkommen kann, werden zwangsläufig beide Partner verdienen müssen. Dies wird insbesondere die Erwerbsquote der Frauen weiter ansteigen lassen.

Der neue Arbeitsmarkt birgt sowohl Chancen als auch Risiken, die auch für den Floater von Belang sind. Die negativen Seiten werden bei Personen überwiegen, denen es schwer fällt, eigenverantwortlich zu arbeiten, und denen es nicht gelingt, ihre Fähigkeiten zu vermarkten. Sie werden von schlecht bezahlten Dienstleistungen leben müssen, häufig weit unter ihren erworbenen Qualifikationen. Andere werden von den neuen Chancen profitieren: gesteigerte Entfaltungsmöglichkeiten, größere Autonomie, weniger Gängelung. Für den Floater sind dies Chancen für seine weitere Persönlichkeitsentwicklung. Er hat bewiesen, dass er keinen einseitigen Lebensentwurf verfolgt und zwischen den Lebenssituationen wechseln kann. Die Flexibilität ist eine seiner Stärken. Daher gilt auch im Hinblick auf die neuen Arbeitsformen: Let your work float.

Telearbeit – Das Zeitalter der digitalen Vernetzung breitet sich aus

Ein weiterer Trend am Arbeitsmarkt kommt dem Floating-Konzept sehr entgegen. Wieder einmal sind dabei Entwicklungen auf dem US-amerikanischen Markt wegweisend. Dort sind bereits 11 Mio. externe Arbeitsplätze von den Firmen eingerichtet worden. Die Experten sind sich einig: Die Telearbeit wird die Arbeitswelt der Informationsgesellschaft ganz entscheidend prägen. Auch in Deutschland wird die Zahl der überwiegend weiblichen Telearbeiter in den nächsten Jahren stark ansteigen. Zu Beginn des neuen Jahrtausends werden es bereits 2,5 Millionen sein, während es 1997 lediglich 863.000 waren (Zahlen des Fraunhofer Instituts für Arbeitswirtschaft und -organisation). Gemäß Schätzungen des Bundeswirtschaftsministeriums können in Deutschland vier Millionen Telearbeitsplätze entstehen. Das Entwicklungspotenzial ist noch bei weitem nicht ausgeschöpft. Es kommen dafür die verschiedensten Berufe und hierarchischen Ebenen in Betracht. Außen vor bleiben lediglich Assistenz- und Sekretariatsfunktionen, die Anwesenheit und eine unmittelbare und spontane Kommunikation voraussetzen.

Wenn das Wohnzimmer zum Arbeitszimmer wird

Die Telearbeit muss nicht gleichbedeutend mit der örtlich fixierten Arbeit im eigenen Zuhause sein. Im Wesentlichen sind drei Formen zu unterscheiden:

Die mobile Telearbeit ist kennzeichnend für Vertriebsmitarbeiter, Kundendienstpersonal oder Journalisten, die einen ortsungebundenen Arbeitsplatz haben.

Für die alternierenden Telearbeiter ist ein regelmäßiger Wechsel zwischen dem häuslichen und dem betrieblichen Arbeitsverhältnis kennzeichnend. Man teilt sich seinen Stuhl in der Firma mit anderen (Desk-Sharing-Prinzip). Diese Variante beruht auf der Erkenntnis, dass Telearbeit ohne persönlichen Kontakt zum Stammunternehmen einsam macht. Daher ist eine Betriebsanbindung in Form wöchentlicher Teambesprechungen und gemeinsamer Konferenzen organisatorisch fest verankert.

Bei der Teleheimarbeit, als dritter Form, ist ein dauerhaftes Arbeitsverhältnis von Zuhause aus vorgesehen. Die Wohnung bzw. Teile davon werden zum Arbeitsplatz. Zur Grundausstattung eines Telearbeiters gehören PC und Modem. Die Daten werden via Telefonleitung übertragen. Die Homeworker leisten übrigens einen nicht unbeträchtlichen Umweltbeitrag, indem sie dazu beitragen, das Verkehrsaufkommen zu senken. Insbesondere die Ballungszentren werden im wahrsten Sinne des Wortes aufatmen.

Unternehmensleitungen von Pionierunternehmen im Bereich der Telearbeit, u.a. Hewlett Packard, BMW, Deutsche Bank oder IBM, verweisen auf eine Reihe von Vorteilen: Während der Raumbedarf mit steigenden Mieten in den Firmen sinkt, nimmt die Kundennähe durch die Dezentralisierung zu. Zudem ist in Untersuchungen festgestellt worden, dass Telearbeiter ihre Arbeitskraft effizienter einsetzen. Produktivitätssteigerungen von 20 % gelten als realistische Einschätzung.

Der gestiegene Freiheitsspielraum bzw. die größere Zeitsouveränität setzen bei vielen Telearbeitern neue Motivationen frei. So teilen sie sich ihre Zeit nahezu so unabhängig ein wie Selbstständige. Zudem besteht die Möglichkeit, mehr Zeit mit ihrer Familie zu verbringen. Die Übergänge zwischen Arbeit und Freizeit werden fließender. Morgens kümmern sie sich um die Kinder, die um den Schreibtisch herumtollen, und nachmittags bietet ein Tennisspiel mit einem Bekannten oder Geschäftspartner eine willkommene Abwechslung. Dafür ist abends mitunter eine Spätschicht angesagt – je nach Auftragslage und Kundenwünschen. Flexibilität im Umgang mit der Arbeit und den Menschen gehört zu den wichtigsten Charaktereigenschaften eines Telearbeiters.

Kritisch ist anzumerken, dass es auch belastend sein kann, jede Stunde entscheiden zu müssen, welche Tätigkeiten zu erledigen sind. Und auch die zunächst als segensreich empfundene größere Nähe zum familiären Leben kann neue Reibungsflächen entstehen lassen. Einige Homeworker klagen zudem darüber, nicht mehr exakt eine Trennlinie zwischen Beruf und Freizeit ziehen zu können. Früher bestand mit dem Verlassen der Firma ein klarer Einschnitt. Jetzt überkommt einige in den eigenen vier Wänden permanent das Gefühl, ob denn noch etwas zu tun sei. Viele der Probleme sind Umstellungsschwierigkeiten, die relativ einfach in den Griff zu bekommen sind. So gelingt das Abschalten besser, wenn man Arbeits- und Wohnbereich deutlich voneinander trennt. Zudem lassen sich Kontroversen vermeiden, wenn im Vorfeld geklärt wird, wann der Telearbeiter sich seiner Familie widmen kann, zu welchen Zeiten er konzentriert arbeiten muss und zu welchen Tageszeiten er z. B. die Kinderbetreuung übernimmt.

Als ein Manko der neuen Arbeitsform wird mitunter herausgestellt, dass dem Homeworker die Kontakte zu Betriebsangehörigen verloren gehen. Das Erleben von Unternehmenskultur fällt in der Tat weg. Ob dies ein Nachteil ist, sei dahingestellt, zumal die betriebliche Kommunikation letztendlich »unecht« bzw. einseitig zweckgebunden ist. Zudem verfügt der Telearbeiter über die Möglichkeit, seine außerberuflichen Beziehungen zu intensivieren. Somit hat er die Chance, »echte« soziale Verbindungen aufzubauen.

Die oben dargestellten Problematiken im Zusammenhang mit der Telearbeit sind häufig darauf zurückzuführen, dass sich die berufliche Entwicklung bei den meisten Berufstätigen bislang in vorgezeichneten Pfaden vollzog. Sie sind nicht vorbereitet auf das hohe Maß an Selbstorganisation, Zeitsouveränität und Eigenmotivation. Der Floater verfügt dagegen über die besten Voraussetzungen, um sich auf die Veränderungen einzustellen. Er ist es gewohnt, auch außerhalb der Arbeit – z. B. bei seinen Freizeitaktivitäten – neue Kontakte aufzubauen und zu pflegen. Die große Gefahr der sozialen Isolation durch die neue Arbeitsform ist für ihn nicht existent. Sein Charakterprofil deckt sich mit den Fähigkeiten, die bei der Telearbeit gefragt sind, in geradezu idealer Weise. Vorbehalte gegenüber der neuen Arbeitsform werden dagegen vor allem von Führungskräften geäußert. Viele von ihnen sind aufgrund des neuen Vorgesetzten-Mitarbeiter-Verhältnisses irritiert. »Management by Objectives« heißt der Führungsstil, der jetzt gefragt ist. Statt zu überprüfen, wie ein Ergebnis zustande kommt, steht das Arbeitsresultat unabhängig agierender Mitarbeiter im Vordergrund. Während sich die Kontrollfunktionen somit drastisch reduzieren, gewinnen die kommunikativen, teamorientierten Belange an Bedeutung. Viele Führungskräfte weisen in diesem Bereich nur geringe Kompetenzen auf. Zudem können die Topmanager selbst von der Telearbeit betroffen sein. Zum Beispiel, indem sie ihre Aufgaben zukünftig dezentral, näher am Kunden wahrzunehmen haben. Ihnen wird es tendenziell schwerer fallen, sich auf die eigene Telearbeit einzustellen. Dies fängt mit dem Ausbleiben des frühmorgendlichen Kaffees aus dem Sekretariat an und hört mit Schwierigkeiten auf, Beruf, Freizeit und Familie in Einklang zu bringen. Denn bislang galt das Primat der Arbeit, dem sich alles unterzuordnen hatte.

Besonders die jüngeren Berufstätigen mit Knowhow in den Bereichen Informationstechnologie, Internet und moderne Kommunikationswege werden die geringsten Umstellungsschwierigkeiten haben. Daher ist die Telearbeit auch in diesen Sektoren bereits relativ weit verbreitet. Kritisch ist bei den Endlos-Surfern anzumerken, dass sich bei ihnen alles um den Computer dreht. Es entsteht ein neuer, einseitiger Lebensentwurf. Dabei stellt sich die Frage, wie sich die Beziehungen der Menschen untereinander verändern, wenn ein Großteil der Kommunikation nicht mehr »face to face«, sondern via Telefondrähte maschinell erfolgt. Wird eine neue Form des »Cocooning« entstehen – Menschen, die sich in einen Kokon spinnen und damit ein undurchdringliches Netz für andere weben? Oder werden zukünftig andersartige soziale Beziehungsformen für einen Ersatz sorgen? So führte die Unmittelbarkeit von E-Mails bereits zu einem neuen Stil – einer Art mündlichen Rede in Schriftform. Es wird dabei eine seltsame Intimität vermittelt, als sei man mit den Gedanken des anderen verdrahtet. Kann diese oder eine andere technisierte Dialogform unsere bisherigen zwischenmenschlichen Kontakte gleichwertig ersetzen oder folgt am Ende der große Frust? Die neuen elektronischen Medien werden nicht zuletzt aufgrund der Negativfolgen bei übertriebener Nutzung auch als »Kokain des neuen Jahrzehnts« bezeichnet. Viele Computerfreaks sind geradezu süchtig und empfinden Freizeitaktivitäten, bei denen sie die eigenen vier Wände verlassen müssen, als unangenehm und beschwerlich. Der Floater wird sich mit den oben beschriebenen Entwicklungen auseinander zu setzen haben. Er wird Computer einsetzen, aber gleichzeitig versuchen, den Gefahren in Richtung eines einseitigen Lebensentwurfs zu entgehen. Auch die Eindimensionalität des Berufskarrieristen kann er durch sein Konzept der Work-Life-Balance vermeiden. Dem Floater ist bekannt: Wird ein Bereich – unabhängig ob Online-Manie oder Arbeitssucht – zu sehr betont, besteht die Gefahr, dass andere Fähigkeiten verkümmern. Davor ist der Floater dank seiner ausgewogenen Lebenssituation gefeit.

Floating Time – Die zweite Lebensphase von 50 bis 65 Jahre und anschließende »Rentenzeit«

Bin ich schon drin? ... Zweifelsohne – Sie haben es geschafft. Ihr Kapital hat einen Wert erreicht, der Ihnen eine finanzielle Unabhängigkeit garantiert. Die Modell-Haushaltsrechnungen für die zweite und dritte Lebensphase dokumentieren dies eindrucksvoll.

Die Modell-Haushaltsrechnungen

Einnahmeseite

In der zweiten Lebensphase, der Floating Time, beendet einer der beiden Haushaltsmitglieder (bzw. der Single) seine Berufstätigkeit, während der andere – aufgrund des zumeist anzutreffenden Altersunterschieds – noch weiter (bis zu seinem 50. Geburtstag) innerhalb eines abhängigen Beschäftigungsverhältnisses tätig ist. Das in der Modell-Haushaltsrechnung, zweite Lebensphase, ausgewiesene Einkommen aus unselbstständiger Arbeit in Höhe von 600,– DM für den jüngeren Familien-Floater stellt einen Durchschnittswert dar, der z. B. für vier Jahre Berufstätigkeit während der insgesamt 15 Jahre dauernden Floating Time resultiert.

Ein weiterer Unterschied zur Einnahmesituation in der ersten Lebensphase besteht in den gestiegenen **Sonstigen**

Einnahmen, die aus langjährigen Interessengebieten stammen können. In der zweiten Lebensphase reifen diese Interessen zu nachgefragten Dienstleistungen oder Produkten heran, mit denen sich laufende Einnahmen erzielen lassen. Einige Floater werden sich vielleicht künstlerisch betätigen, andere trainieren die Jugendmannschaft ihres Vereins und wieder andere fungieren als Berater ihres ehemaligen Arbeitgebers. Bei dauerhafter Verfolgung und ernsthafter Gewinnerzielungsabsicht besteht die Möglichkeit, dass sich die Tätigkeiten zur Selbstständigkeit, z.B. in Richtung Freiberuflichkeit, entwickeln. Weitere »Sonstige Einnahmequellen« können u.a. aus Einnahmen aus Untervermietungen, öffentlichen Transferzahlungen oder Einkommensteuer-Rückzahlungen stammen. Insgesamt stellen sie lediglich Zusatzeinnahmen dar. Es bleibt dabei: Die entscheidende Einnahmequelle, um Ihren Lebensunterhalt zu decken, sind die Zinsen Ihrer Ersparnisse.

In der dritten Lebensphase, der »Rentenzeit«, verbessert sich die finanzielle Situation auf der Einnahmeseite durch die **Altersrenten** zunächst des »älteren« und anschließend des »jüngeren« Ehe- bzw. Lebenspartners. Allerdings werden die Renten für die meisten Arbeitnehmer weitaus geringer ausfallen als erwartet. Viele berücksichtigen in viel zu geringem Umfang, dass die Reformen der vergangenen Jahre die Rentenansprüche bereits drastisch reduziert haben. Und das ist erst der Anfang. Der Grund liegt im System des Generationenvertrags, in den per Umlageverfahren die Beiträge der aktiven Arbeitnehmer sofort an die Rentner weitergereicht werden. Das funktionierte gut in Zeiten der Vollbeschäftigung, in denen vergleichsweise wenige Arbeitnehmer aus dem Erwerbsleben ausschieden. Bei mehr als vier Millionen Arbeitslosen und beinahe ebenso vielen Frührentnern ist dieses System jedoch zum Scheitern verurteilt. Selbst ein Babyboom würde daran nichts mehr ändern. Wenn die heute Geborenen in das Berufsleben einsteigen, steht die Gesellschaft schon mitten in der Alterskrise.

Blickt man noch weiter in die Zukunft, verdüstert sich das Bild zusehends. Nach Prognosen von Bevölkerungsforschern kommt bis zum Jahre 2050 auf jeden jungen Berufstätigen, der arbeiten könnte, ein älterer Mensch, der versorgt sein will. Die aktuellen Pläne der Bundesregierung sehen eine Absenkung des Rentenniveaus von 70 auf 64 % des Nettoeinkommens vor, wobei dieser Wert sich nicht auf das letzte Nettoeinkommen, wie vielfach irrtümlich angenommen, sondern auf den im gesamten Arbeitsleben erzielten Durchschnitt bezieht. Zusätzlich gilt er nur für diejenigen, die 45 Jahre lang eingezahlt haben! Dies wird bei immer weniger Berufstätigen der Fall sein. Für die älteren Berufstätigen, die in Kürze in Rente gehen, sehen die Renditeberechnungen zur gesetzlichen Rentenversicherung gar nicht so schlecht aus. Unterstellt man, dass die Renten um 2,5% pro Jahr angehoben werden, resultiert eine Rendite von 6%. Dies ist zwar mehr als bei klassischen Lebensversicherungen, aber immer noch weit unterhalb der 10%igen Verzinsung bei Aktienfonds. Dramatisch verschlechtert sich die Situation bei der Generation der heute 35- bis 50-Jährigen. Sie erhalten bei durchschnittlicher Lebenserwartung in der Regel weniger zurück, als sie eingezahlt haben. Dies bedeutet: Sie erzielen eine Negativrendite! Realistische Schätzungen gehen davon aus, dass in wenigen Jahren ein Rentenniveau von lediglich 50% des letzten Nettoeinkommens erreicht wird. Da der Floater bereits 15 Jahre früher als der Normalbeschäftigte die Berufstätigkeit beendet, beträgt seine Altersrente in der Modell-Haushaltsrechnung lediglich 1.450,– DM pro Monat. Sie macht gemeinsam mit der Altersrente der Ehefrau bzw. des Lebenspartners nur noch rund 30% der gesamten laufenden Einnahmen in der Modell-Haushaltsrechnung aus. Dies stellt für die Familie auch kein Manko dar. Ihr bleibt es in der zweiten Lebensphase erspart, in die unrentablen Rentenkassen einzuzahlen. Sollte der Floater auch nach seinem 50. Geburtstag weiter sparen wollen, wozu zu diesem Alterszeitpunkt kein finanzielles Erfordernis mehr besteht, wird er für die Überschüsse hochverzinsliche Anlageformen vorsehen.

Zudem sind etwaige **Betriebsrenten** zu berücksichtigen, wobei in der Modell-Haushaltsrechnung für Familien davon ausgegangen wird, dass einer der beiden Partner eine Betriebsrente in Höhe von 235,– DM bezieht. Die durchschnittliche Höhe der monatlichen Zahlungen aus der betrieblichen Altersversorgung beträgt in Deutschland gegenwärtig ca. 550,– DM. Allerdings sehen nicht alle Firmen für Ihre Mitarbeiter Betriebsrenten vor. Besonders Klein- und Mittelbetriebe scheuen oftmals den Verwaltungsaufwand oder möchten die Kostenbelastung vermeiden. Insgesamt sind vier Formen der betrieblichen Vorsorge voneinander abzugrenzen: die Direktversicherung, die Pensionskasse, die Unterstützungskasse und die Direktzusage. Die Konstruktion ist bei allen Formen ähnlich: Der Arbeitgeber bildet Pensionsrückstellungen (Direktzusage) oder leistet kontinuierliche Zahlungen an einen externen Träger (Pensionskasse, Lebensversicherer oder Unterstützungskasse). In beiden Fällen ist eine steuerliche Absetzbarkeit möglich. Der Arbeitnehmer kann darüber hinaus im Rahmen einer so genannten Gehaltsumwandlung die Versorgung aufstocken. Er verzichtet auf die Auszahlung eines Teils seines Gehalts, den er durch den Arbeitgeber zusätzlich in die Pensionskasse einzahlen lässt. Dieser Betrag wird bis zu einer Gesamthöhe von 3.408,– DM pro Jahr lediglich mit einem Pauschalsteuersatz von 20% belastet. Bei Einzahlung in die Unterstützungskasse entfallen die Sozialabgaben, jedoch ist der später auszuzahlende Versorgungsbetrag steuer- und sozialabgabenpflichtig. Um sich eine neue und rentable Einkommensquelle zu erschließen, empfehlen wir Ihnen, mit Ihrem Arbeitgeber ein Gespräch einzuleiten, falls noch keine dieser Vorsorgeformen genutzt wird. Schließlich sind auch für die Unternehmen Vorteile zu verzeichnen. So können Mitarbeiter langfristig an die Firmen gebunden werden, da die Anwartschaft auf die Versorgungszusage zumeist erst nach zehn Jahren unverfallbar ist. Zudem besteht die Möglichkeit zur Bildung finanzpolitisch interessanter, steuerlich bevorzugter Rückstellungen.

Ausgabeseite

Die meisten Kostenpositionen aus der ersten Lebensphase erfahren in der Floating Time und Rentenzeit keine wesentlichen Änderungen. Schließlich sollen die Zinsen des ersparten Endkapitals – ergänzt um die Altersrente – eine Fortsetzung des bisherigen Lebensstils ermöglichen. Bei zwei monatlich anfallenden Ausgabebereichen wird sogar von steigenden Budgets ausgegangen. So hat die zusätzliche Freizeit zur Folge, dass sich die Kosten für »Kultur und Soziales« sowie für »Reise und Touristik« erhöhen. Auf beide Positionen wird noch ausführlich einzugehen sein, da sie den weiteren Lebensverlauf der Floater entscheidend prägen.

Einen progressiven Verlauf nimmt die Höhe der Sicherheitsreserve. Sie steigt bei Familien und insbesondere bei Singles auf ein Mehrfaches im Vergleich zur ersten Lebensphase an. Damit wird dem zunehmenden Sicherheitsbedürfnis im Alter Rechnung getragen. Es ist empfehlenswert, die Reserven nur kurzfristig, z. B. auf Kreditkartenkonten oder Konten von Direktbanken mit relativ hohen Zinsen, zu parken, um in kritischen Situationen etwa bei unerwarteten Schicksalsschlägen rasch über die Gelder verfügen zu können.

Welche monatlichen Entnahmen sind möglich?

Zu Beginn der zweiten Lebensphase steht Ihnen aufgrund der Sparleistung ein Endkapital von ca. 797.500,– DM zur Verfügung. Es handelt sich dabei um einen inflationsbereinigten Wert, d. h., er bemisst sich nach der heutigen Kaufkraft. Ziel war es, den Lebensunterhalt überwiegend von den Zinsen des Ersparten zu bestreiten – und das haben Sie mit dem ausgewiesenen Endkapital erreicht.

Fortan sind monatliche Entnahmen in Höhe von 4.200,– DM möglich.

Hierin besteht der Unterschied zum Anlageverhalten in der ersten Lebensphase. Dort wurde das Kapital nicht angegriffen. Die Gewinne sind stets wieder angelegt (thesauriert) worden. Der monatliche Entnahmebetrag stellt ebenfalls eine reale Größe dar. Das heißt, Sie brauchen nicht zu befürchten, dass Ihnen z. B. in 20 Jahren »nur« 4.200,– DM zur Verfügung stehen, die zu diesem Zeitpunkt viel weniger wert sind. Stattdessen passt sich die Höhe der Entnahmen der jährlichen Inflationsrate in Höhe von 2,0 % an. So können Sie im 80. Lebensjahr einen nominalen Betrag von 6.890,– DM entnehmen.

Die Höhe des Entnahmebetrags gewährleistet, dass sowohl in der zweiten als auch in der dritten Lebensphase Einnahme-Überschüsse erzielt werden, z. B. 1.025,– DM für eine Familie in der Floating Time. Noch komfortabler stellt sich die finanzielle Situation für den Single dar, der in der ersten Lebensphase einen gleich hohen Betrag wie der Doppelverdiener-Haushalt ansparen konnte. Seine im Vergleich zu Familien überdurchschnittlichen Konsumausgaben kann er sich ohne weiteres leisten.

Abfindungen als zusätzliche Einnahmequelle

Eine potenzielle Einnahmequelle in der zweiten Lebensphase stellen Abfindungen dar. Sie sind in der Modell-Haushaltsrechnung nicht zugrunde gelegt worden und stellen somit eine mögliche zusätzliche finanzielle Reserve dar. Der Erhalt der Einmalzahlung setzt voraus, dass beim Arbeitgeber zu diesem

Zeitpunkt ein Interesse an der Durchführung von Rationalisierungsmaßnahmen durch Personaleinsparungen existiert. Als Argument für eine Abfindungszahlung kann vom Floater die vorzeitige »Räumung« des Arbeitsplatzes angeführt werden. Legt man die gegenwärtige Situation in den meisten großen und mittelständischen Betrieben zugrunde, wird deutlich, dass fast permanent in allen Bereichen rationalisiert, eingespart und umstrukturiert wird. Der Kostendruck auf die Unternehmen scheint ständig zu wachsen. Daher sind aus heutiger Sicht die Chancen für eine Abfindung als günstig einzustufen. Hier ist sicher auch das Verhandlungsgeschick des Floaters gefragt, die Situation zu seinen Gunsten zu nutzen. Empfehlenswert ist, seinen Ausscheidetermin gegenüber dem Arbeitgeber nicht gleich zu Beginn der Abfindungsgespräche zu fixieren. Eine offene Anfrage: »Was wäre möglich, wenn ...?«, kann die Verhandlungsposition entscheidend verbessern.

Die Abfindungshöhe wird in vielen Betrieben wie folgt berechnet:

Grundbetrag

Je angefangenes Jahr der Betriebszugehörigkeit Faktor 0,5 des jeweiligen Monatsgehalts

(Als Monatsgehalt gilt 1/12 der Bruttozahlungen einschließlich aller regelmäßig wiederkehrenden Zulagen und freiwilligen Sonderzahlungen der letzten zwölf Monate vor dem Ausscheiden.)

Zuschläge

(1) Für jedes über 39 Jahre hinausgehende Lebensjahr: + 1 %.
(2) Für jedes unterhaltsberechtigte Kind: +10 %.

Ein Beispiel verdeutlich die Berechnung:
Ein Familien-Floater beendet mit 50 Jahren nach 15 Jahren im Unternehmen seine Berufstätigkeit. Er hat zwei Kinder und erhielt im letzten Jahr seiner Anstellung ein durchschnittliches Bruttogehalt in Höhe von 5.900,– DM. Es resultiert folgende Abfindungshöhe:

5.900,– DM × Faktor **0,5**	=	**2.950,– DM**
	×	**15** (Anzahl an Jahren im Unternehmen)
	=	**44.250,– DM**
	+	**4.868,– DM** zzgl. 11 % (siehe Zuschlag 1)
	+	**8.850,– DM** zzgl. 20 % (siehe Zuschlag 2)
	=	**57.968,– DM** Gesamthöhe der Abfindung

Ab sofort haben Sie einen sympathischen Chef – sich selbst

Die Veränderungen in der Berufswelt werden es zukünftig in stärkerem Maß erforderlich machen, eigenständiger zu agieren. Kurzfristig verfügbare Projektarbeiten anstatt lebenslanger Beschäftigungen – so die Zukunftsforscher – werden bereits in wenigen Jahren unsere Arbeit prägen. Der lebenslange Vollzeitarbeitsplatz scheint ein Kunstprodukt des 19. Jahrhunderts zu sein. Vor der Industrialisierung gab es ihn nicht und mit Beginn der kommenden Post-Job-Ära wird es ihn immer weniger geben. Insbesondere in kleineren Unternehmen gehören Festanstellungen vielfach schon heute der Vergangenheit an. Stattdessen wird die Anzahl der Selbstständigen zunehmen. Bereits heute sind 680.000 Freiberufler in Deutschland tätig. Und mit 180.000 Auszubildenden rangiert dieser Bereich als Ausbilder bereits vor den öffentlichen Arbeitgebern.

Sicherlich betrachten viele Menschen die neuen Arbeitsformen auch als eine Bedrohung ihrer Existenz, zumal der Typus des Selbstständigen oder eigenverantwortlich Handelnden selten anzutreffen ist. So weist Deutschland unter den europäischen Ländern die geringste Selbstständigenquote auf. Viele werden von der neuen Arbeitswelt so hart getroffen wie ein Bauer am Ende des 18. Jahrhunderts, der seine Arbeit aufgeben und in kargen Fabrikhallen arbeiten musste. So wie es heute nur noch 2 % Landwirte gibt, wird es in Zukunft voraussichtlich nur noch wenige Festangestellte geben. Den Floater treffen diese Veränderungen allerdings nicht unvorbereitet. Ähnlich wie bei vielen Selbstständigen verlaufen bei ihm die Übergänge zwischen Arbeit und Freizeit fließend.

Für viele der heute ca. 30-Jährigen wird die aufgezeigte zukünftige Arbeitswelt noch vor dem Beginn der Floating Time Realität werden. Während andere den neuen Arbeitsformen distanziert gegenüberstehen, sieht der Senior-Floater eher die Chancen, die sich bieten, um seine Flexibilität unter Beweis zu stellen. Er hat den Vorteil, dass er – finanziell abgesichert – die freie Wahl hat, ob er sich neuen berufsbezogenen Herausforderungen stellt oder z. B. soziale Engagements oder Freizeitaktivitäten für ihn ab 50 im Vordergrund stehen. Nachfolgend möchten wir auf die Inhalte und die Voraussetzungen der »Neuen Selbstständigkeit« näher eingehen.

Die Selbstständigkeit – ein möglicher Weg

70 % der Selbstständigen sind nach den ersten fünf Jahren nicht mehr am Markt – ein schockierend hoher Anteil. Der Senior-Floater sollte sich daher nochmals vor Augen führen, dass er in keiner finanziellen oder arbeitsmarktbezogenen Notsituation handelt. Dagegen sehen heute viele, die mit 40 oder 50 arbeitslos werden, gar keine andere berufliche Alternative als die Selbstständigkeit. Stattdessen ist der Senior-Floater in der komfortablen Situation, sich finanziell abgesichert aus freien Stücken für die Selbstständigkeit zu entscheiden. Er kann dabei viel verlieren. Seine komplette Altersvorsorge steht auf dem Spiel. Sollte er sich nach Prüfung aller Chancen und Risiken für die Selbstständigkeit entscheiden, ist es vorteilhaft, die Kapitalintensität möglichst niedrig zu halten. Die gegenwärtig noch nicht abgeschlossene Entwicklung zum Dienstleistungsmarkt kommt ihm dabei entgegen. Im Unterschied zum produzierenden Gewerbe ist die Gründung einer Dienstleistungsfirma nicht mit hohen Investitionssummen verbunden. Der Firmengründer bringt vor allem sein Know-how ein und ist nicht darauf angewiesen, Hunderttausende von Mark in einen Maschinenpark zu investieren. Im Falle des Scheiterns kann der Senior-Floater daher mit einem blauen Auge davon kommen. Dabei stehen die Chancen für ihn gar nicht schlecht. Im Gegensatz zu Personen, die sich in jungen Jahren mitunter kurz entschlossen zur Selbstständigkeit entscheiden, kann der Senior-Floater seinen Einstieg gut vorbereiten. Insbesondere verfügt er dank seines großen Erfahrungsschatzes über einen Vorteil, der nicht hoch genug eingeschätzt werden kann: die langjährigen Kontakte zu Entscheidungsträ-

gern. Im Verlauf seiner beruflichen Tätigkeit konnte er ein Beziehungsgeflecht zu Personen aufbauen, die mittlerweile zu Vorgesetzten aufgestiegen sind und externe Budgets vergeben. Gehören diese Bekannten zu den ersten Kunden, ist ein wichtiger Schritt in Richtung Erfolg getan. Dem Senior-Floater bleibt erspart, von der ersten Minute an um die Existenz kämpfen zu müssen. Zudem profitiert er von einer Entwicklung auf dem Arbeitsmarkt: Die zunehmende Dynamik in den Arbeitsprozessen sowie die demographische Entwicklung (Stichwort: Überalterung) veranlasst die Unternehmen dazu, nach jungen Kräften Ausschau zu halten. Die Babyboomer-Generation der 60er-Jahrgänge ist in den Betrieben stark überrepräsentiert. Wenn sie in die Jahre kommen, werden die Betriebe versuchen, sich von ihnen zu trennen, um eine ausgewogene Altersstruktur zu gewährleisten. Allerdings werden sie zu bewährten Kräften nach wie vor Kontakt halten. Dies ist die Chance für den Senior-Floater, um als Berater tätig zu werden. Viele, die in zehn oder 20 Jahren 50 Jahre alt werden, können bei entsprechendem Engagement zusätzliche Einnahmequellen aktivieren.

Selbstständigkeit »light«

Die Hoffnung vieler Selbstständiger, sich selbst zu verwirklichen, ist auch für den Senior-Floater ein ausschlaggebendes Motiv. Der große Nationalökonom Joseph Schumpeter beschrieb Anfang des 20. Jahrhunderts den Unternehmertypus als egoistisch und beziehungslos. Doch dem neuen Selbstständigen des 21. Jahrhunderts geht es weniger um Gewinn als Selbstzweck als vielmehr um die Freude an Erfolgen, die er selbst beeinflussen kann. Er hat Spaß an sinnvollen Tätigkeiten, ist kein Egomane und pflegt eine Vielzahl von informellen Kontakten. Dieses Charakterprofil mit seinen kommunikativen und sinnbehafteten Elementen ist wie für den Floater zugeschnitten. Viele Eigenschaften des Modell-Floaters spiegeln sich in der neuen Unternehmerpersönlichkeit wider. Auf der anderen Seite ist es mit dem Floating-Konzept nur schwer vereinbar, sein Leben vollständig auf die Arbeit zu konzentrieren. Dies ist allerdings das Los vieler Selbstständiger. Sie leben, um zu arbeiten, und arbeiten nicht, um zu leben. Wenn der Senior-Floater sich freiwillig für die Selbszständigkeit entscheidet und sein bisheriges Lebenskonzept nicht aufgeben möchte, ist er darauf angewiesen, eine Art Selbstständigkeit »light« zu entwickeln. Dies ist nicht illusorisch, zumal die Messlatte niedriger liegt als beim »Normal-Selbstständigen«. Es geht nicht darum, mit der Selbstständigkeit den nahezu vollständigen Lebensunterhalt einschließlich der Altersvorsorge zu gewährleisten, sondern einen Beitrag zur Selbstverwirklichung zu leisten, der mit einer Zusatzeinnahme verbunden sein kann. Die Intensität der Selbstständigkeit lässt sich daher begrenzen. Ein Künstler kann sich die Freiheit nehmen, nur für bestimmte Kunden tätig zu werden; ein Handwerker braucht nicht zusätzliche Arbeitskräfte anzustellen, um seinen Betrieb zu vergrößern, und ein Berater beschränkt sich darauf, ausschließlich von seiner alten Firma Aufträge anzunehmen. Es kann allerdings nie ganz ausgeschlossen werden, dass die Selbstständigkeit zum Selbstläufer mit 60 bis 70 Wochenstunden wird und man in einen Strudel hineingerät, der sich nicht mehr steuern lässt. Um dem vorzubeugen, ist es erforderlich, Prioritäten zu setzen und konsequent seine Linie der Work-Life-Balance weiter zu verfolgen. Der Floater hat hierin bekanntermaßen Übung, z. B. als er seine Karriere bewusst einschränkte, weil ihm eine harmonische Balance zwischen Beruf, Familie und Freizeit wichtiger war.

Übrigens sind Frauen bei Unternehmensgründungen im Durchschnitt erfolgreicher als ihre männlichen Kollegen. Ihre Trainingseinheiten als Mutter, die zwischen den einzelnen Rollen wechselt, und das erforderliche Management für das »Unternehmen Haushalt« befähigen sie offenbar in hohem Maß dafür. Mit den neuen Arbeitsstrukturen hin zu eigenständigen Formen haben eher die Männer Probleme. Die meisten von ihnen kennen nichts anderes als die Vollzeitarbeit mit kontinuierlicher Beschäftigung.

The Next Generation – unendliche Fürsorge für die Kinder?

Ab dem Alter von 50 stellt der Floater seine monatlichen Sparraten ein. Er nimmt fortan Entnahmen aus seinem Vermögen vor. Wer dagegen weiter spart, spart mehr, als er braucht – vielleicht um das Erbe für seine Kinder zu erhöhen. So sind viele der heutigen Rentner von dem Gedanken beseelt, ihren Nachkommen ein möglichst unbeschwertes Leben zu ermöglichen. Sie sollen es einmal besser haben als sie selbst. Dabei denken sie an die Zeit zurück, in der sie eine Vielzahl von Entbehrungen hinzunehmen hatten. Dieser altruistische Ansatz ist ohne Zweifel aller Ehre wert. Und es gibt wahrscheinlich nichts Schöneres, als in der Gewissheit von dieser Welt zu gehen, alles Menschenmögliche für die Nachkommen getan zu haben. Insoweit kommt man sich regelrecht ketzerisch vor, gegen diese Werthaltung Vorbehalte zu äußern. Betrachten wir aber zunächst die Ausgangssituation, um zu einer möglichst angemessenen Einschätzung zu gelangen:

Im ersten Jahrzehnt des neuen Jahrtausends wird ein größeres Vermögen auf die junge Generation übergehen, als es jemals in der deutschen Geschichte der Fall war. Ungefähr 4,4 Billionen Mark werden Kinder und Enkel zwischen den Jahren 2000 und 2010 erben oder von den Eltern als Schenkung erhalten. Der beträchtliche Anstieg liegt nicht in einer wachsenden Zahl von Erbfällen begründet (die Anzahl ist im Wesentlichen konstant), sondern in den erheblich gestiegenen Durchschnittssummen je Erbfall. Den größten Teil des Nachlasses bilden immer noch Wohnungen, Häuser und Grundstücke. Rund 40% entfallen mittlerweile auf Geldvermögen. Je nach Erbschaftshöhe zahlen die Kinder z. B. 7% (bei 150.000,– DM), 15% (bei 600.000,– DM) oder den Spitzenbesteuerungssatz von 30% (über 50 Mio. DM Erbschaftshöhe) an Erbschaftsteuer. Dabei werden Grundstücke oder Ein- und Zweifamilienhäuser steuerlich am günstigsten bewertet. Bei Geld oder börsennotierten Aktien ist dagegen der aktuelle Wert entscheidend.

Für den Inhalt dieses Buches stehen allerdings nicht steuerliche Erwägungen im Vordergrund, sondern es geht darum, den unterschiedlichen Umgang mit Geld zwischen den Generationen aufzuzeigen. Während die Gründergeneration mit ihren entbehrungsreichen Erfahrungen noch Mark für Mark sparte, gehen die Erben beim Umgang mit dem Geld sorgloser um. Von den Jüngeren haben viele niemals die Erfahrung größerer finanzieller Einschränkungen gemacht. Die Wohlstandsgeneration braucht sich weniger mit der Frage »Ist überhaupt genug da?« auseinander zu setzen, sondern ist voll und ganz damit beschäftigt, die richtigen Produkte zu konsumieren. Das gestiegene Markenbewusstsein ist ein deutliches Zeichen in diese Richtung. Die Bekleidungsmarken begannen in den Achtzigerjahren »Lifestyle«-Erlebnisse zu vermitteln und die Möbelstücke in den Wohnungen erhielten alle einen Namen – einen Designernamen. In Anbetracht der steigenden Erbschaftshöhen wird bei immer mehr jungen Menschen ein Zustand eintreten, in dem sie sich über ihre Konsumausgaben keine allzu großen Gedanken machen müssen.

Es stellt sich hier die Frage, wann ein gesundes Maß an Fürsorge der Eltern überschritten ist. Ein junger Mensch, der niemals erlebte, dass Geld knapp sein kann, wird seinen Finanzen voraussichtlich wenig Beachtung schenken. Die Eltern haben ihre Fürsorge bis weit nach ihrem Ableben ausgedehnt. Welche Auswirkungen hat es für den jungen Berufstätigen, dem bewusst ist, dass er eigentlich gar nichts mehr für den eigenen Lebensunterhalt leisten muss …?

An einem Punkt lässt sich die Tendenz zur Sorglosigkeit bereits ausmachen: Der Anteil der Deutschen, die Aktien besitzen, ist im Vergleich zu Engländern oder US-Amerikanern, wie bereits festgestellt, gering. Aber bei Optionsscheinen sind die Deutschen gleich hinter den Schweizern weltweit Spitzenreiter. Und in überdurchschnittlichem Maße sind an dem spekulativen Treiben die »Youngster« beteiligt. Die Anlage der Ersparnisse in Optionen wurde bereits als zu riskant für den Floater (und auch für die übrigen Anleger) eingestuft, da sie die Gefahr eines Totalverlustes in sich birgt. Die Autoren vertreten die Auffassung, dass viele der jungen Zocker das Risiko mit Optionsscheinen nur eingehen, weil sie sich über die finanzielle Tragweite der Entscheidung gar nicht bewusst sind. Es würde bei den »Rich Kids« nur ein Schulterzucken im Falle eines Totalverlusts der Anlage festzustellen sein. »Es ist ja nur Geld – und Geld war ja noch nie knapp.«

Aber irgendwann einmal ist die letzte, zumeist ererbte Spardose geplündert. Die oben aufgezeigte Tendenz zur Sorglosigkeit, sicherlich längst nicht für die komplette Generation der »Youngster« zutreffend, leitet über zu der Frage, wann ein gesundes Maß an elterlicher Fürsorge überschritten ist. Dies ist nach Auffassung der Autoren der Fall, wenn die Erben nicht mehr den überwiegenden Anteil für ihren laufenden Lebensunterhalt aufbringen müssen. Was bedeutet dies für den Floater, der vererbt? Er wird sich zeit seines Lebens gegenüber seinen Kindern fürsorglich verhalten, indem er ihnen durch die Finanzierung ihrer Ausbildung eine gute Startposition für den Berufsstart ermöglicht. Der Modell-Floater hinterlässt seinen Kinden unter der Prämisse einer durchschnittlichen Lebenserwartung von 80 Jahren (für beide Ehepartner) ein Endkapital von real 273.780,– DM. Dies ist eine beträchtliche Summe, die der Senior-Floater nur im Notfall – und wenn seine Sicherheitsreserven nicht ausreichen – angreifen würde. Seine Fürsorge drückt sich allerdings nicht nur in monetären Größen aus. Im Gegensatz zu vielen Hochleistungsmanagern wird der Floater in der Lage sein, viel Zeit mit seinem Nachwuchs zu verbringen.

Das Finanzverhalten – Umschichtungen in Raten ab 50

Der Anlageschwerpunkt verlagert sich in der Floating Time im Vergleich zur ersten Lebensphase nur unwesentlich. Von einigen Kreditinstituten wird bei ihren altersbezogenen »Umschichtungsprodukten« (z. B. DIT-Vorsorgeplan, DWS-Investmentrente) dagegen bereits eine umfangreiche Verlagerung des Vermögens in kursstabilere Zinspapiere (festverzinsliche Wertpapiere) vorgenommen. Das dort praktizierte automatische Umschichten ohne Berücksichtigung der Börsensituation ist aber alles andere als vorteilhaft. Hinzu kommt das Gegenargument des langen Anlagehorizonts in Anbetracht einer durchschnittlichen Lebenserwartung von 80 Jahren bei Frauen und 73 Jahren bei Männern. Aktienfonds, die länger als zehn Jahre gehalten werden, können als Vermögensanlage mit exzellentem Chancen-Risiko-Profil eingestuft werden. Der Umschichtungsprozess ist daher eher in der zweiten Hälfte der Floating Time (ab 58 Jahren) akut. Als geeignete Instrumente, um das Risiko von Aktienfonds weiter zu mindern, lernten wir bereits die Wartezeiten-Strategie kennen. Da der Floater sein Kapital lediglich um die Entnahmen für seinen Lebensunterhalt reduziert, bleibt der überwiegende Anteil seines Vermögens, der sich weiter verzinst, unangetastet und durchläuft eine lange Wartezeit. Der Floater ist somit stets in der Lage, die Erholungsphase nach einem Crash abzuwarten. Sofern er über zusätzliches Kapital (Barreserven, Ersparnisse, Erbe etc.) verfügen sollte, wird er den Absturz der Kurse sogar als günstigen Einstiegszeitpunkt nutzen.

Die oben genannten Gründe legen nahe, die Umschichtung innerhalb des Portefeuilles nur moderat vorzunehmen. Somit werden auch die Renditechancen nicht wesentlich geschmälert: 8,5% (zuvor 10%) sind realistisch. Der Schwerpunkt der Anlagen liegt insbesondere in der ersten Hälfte der Floating Time weiterhin bei Aktienfonds. Diese basieren im Unterschied zur ersten Lebensphase weniger auf innovativen Branchenfonds aus den Technologiebereichen als vielmehr auf großen Bluechip-Werten. Ferner ist es zweckmäßig, den Anteil der Mischfonds zu erhöhen. In welchem Umfang dies geschieht, hängt neben dem stärker ausgeprägten Sicherheitsbedürfnis auch von der jeweiligen Marktsituation ab. Beispielsweise wird man nach einem Crash im Biotechnologiesektor sicherlich die nächste Aufschwungphase abwarten, bevor ein Fondsverkauf in Erwägung gezogen wird. Ebenso kann die persönliche Situation den Umschichtungsprozess beeinflussen – etwa im Fall einer Krankheit. Werden aufgrund dessen größere Beträge bereits in kurzer Zeit benötigt, ist das Risiko, auf dem Aktienmarkt gebunden zu sein, zu hoch.

In der anschließenden dritten Lebensphase, der Rentenzeit, sind größere Umschichtungen erforderlich als in der Floating Time. Die Gefahr ist zu groß, dass ein Crash das Kapital massiv gefährdet und nicht mehr genügend Zeit zur Verfügung steht, um die Kursverluste wieder auszugleichen.

Der Anlageschwerpunkt verlagert sich in der »Rentenzeit« in Richtung festverzinsliche Wertpapiere bzw. Rentenfonds und Mischfonds. Bei den gemischten Fonds entscheiden die Anlageprofis über den Anteil an Renten und Aktienfonds im Depot. Dies ist für den Senior-Floater ideal, da in kritischen Börsenzeiten der Aktienanteil reduziert wird. Die Mischfonds bieten auch die Möglichkeit, in der zweiten Lebensphase auf progressive, wachstumsstarke Varianten zu setzen und im Rentenalter ab 65 Jahren einen Wechsel auf konservative Varianten mit hohem Rentenanteil vorzunehmen. Noch breiter sind die Risiken bei Dachfonds gestreut. Dort wird nicht in eine Vielzahl von Einzelwerten investiert, wie bei Aktienfonds, sondern in andere Aktien-, Renten-, Geldmarkt- und Immobilienfonds. Der Senior-Floater erhält eine professionelle Vermögensverwaltung, bei der Aktienfonds für hohe, Rentenfonds für sichere und Immobilienfonds für nicht inflationsgefährdete Erträge sorgen. Wer in der Vergangenheit bereits genügend Börsenwissen angesammelt hat, kann seine Depotstruktur auch eigenständig festlegen. Beispielsweise mit Bundes- und Unternehmensanleihen, gemischt mit Aktienfonds seiner Wahl und einigen Bluechip-Werten.

Die unumstößliche Regel, dass höhere Gewinnchancen mit höheren Risiken verbunden sind, gilt auch umgekehrt:

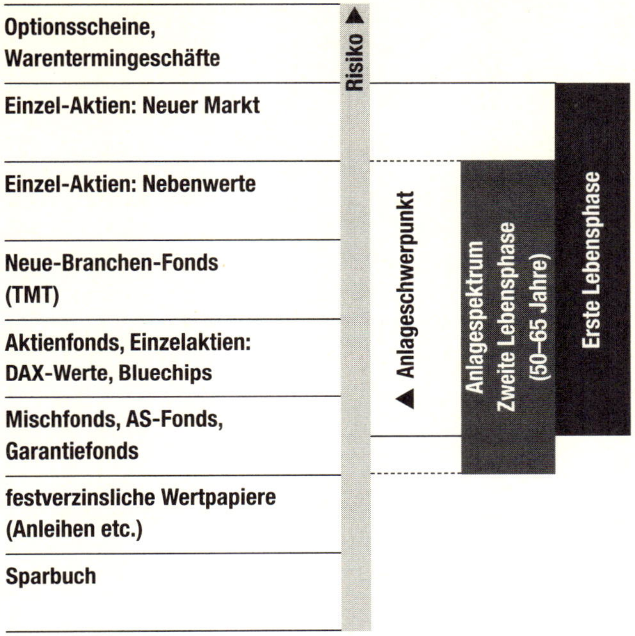
Optionsscheine,
Warentermingeschäfte
Einzel-Aktien: Neuer Markt
Einzel-Aktien: Nebenwerte
Neue-Branchen-Fonds
(TMT)
Aktienfonds, Einzelaktien:
DAX-Werte, Bluechips
Mischfonds, AS-Fonds,
Garantiefonds
festverzinsliche Wertpapiere
(Anleihen etc.)
Sparbuch
Risiko
Anlageschwerpunkt
Anlagespektrum
Zweite Lebensphase
(50–65 Jahre)
Erste Lebensphase

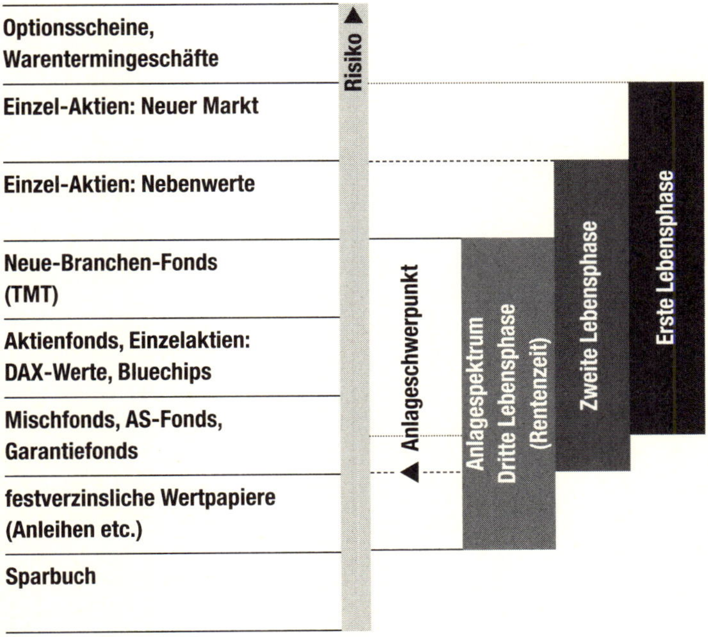
Optionsscheine,
Warentermingeschäfte
Einzel-Aktien: Neuer Markt
Einzel-Aktien: Nebenwerte
Neue-Branchen-Fonds
(TMT)
Aktienfonds, Einzelaktien:
DAX-Werte, Bluechips
Mischfonds, AS-Fonds,
Garantiefonds
festverzinsliche Wertpapiere
(Anleihen etc.)
Sparbuch
Risiko
Anlageschwerpunkt
Anlagespektrum
Dritte Lebensphase
(Rentenzeit)
Zweite Lebensphase
Erste Lebensphase

Die höheren Sicherheitsbedürfnisse im Alter gehen zulasten der Renditen. Die erforderliche Umschichtung ab dem 61. Lebensjahr, fünf Jahre vor Beginn der Rentenzeit, bewirkt eine Ertragsschmälerung in der Modell-Haushaltsrechnung auf 6,5% jährlich.

Drei Strategien für das Alter

Je nachdem, über welches Kapital Sie in der Rentenzeit tatsächlich verfügen werden und wie hoch Ihre Risikoneigung ausgeprägt sein wird, kommen unterschiedliche Anlagestrategien in Betracht:

Nehmen wir an, Sie haben im Laufe der Jahre überdurchschnittlich hohe Renditen erzielen können. Das Endkapital ist größer als beim Modell-Floater und ermöglicht Ihnen, selbst bei 5- bis 6%igen jährlichen Renditen den Lebensunterhalt sicherzustellen. In diesem Fall ist es ab dem Alter von 50 Jahren gar nicht mehr erforderlich, eine Anlageform mit hohen Kursschwankungen zu wählen. Sie könnten stattdessen den kompletten Betrag in Rentenfonds investieren und von sicheren Zinserträgen leben. Zu berücksichtigen ist allerdings, dass die Erträge oberhalb der Freibeträge (3.100,– DM bei Einzelpersonen/6.200,– DM bei Familien) Ihrem persönlichen Einkommensteuersatz unterliegen. Dagegen sind Aktienfonds, die länger als ein Jahr gehalten werden, steuerfrei. Zudem ist selbst bei festverzinslichen Wertpapieren ein Restrisiko in begrenztem Ausmaß zu berücksichtigen. Sollten Sie unerwartet einen großen Kapitalbetrag benötigen und sind die Zinsen seit Ihrem Einstieg in die Papiere gestiegen, müssen Kursverluste einkalkuliert werden. Nur Anleger, die bis zum Ende der Laufzeit der festverzinslichen Wertpapiere warten, erhalten in jedem Fall den eingesetzten Betrag zu 100% zurück.

Bei einer anderen Strategie werden die Ausgaben in drei Bereiche aufgeteilt. Der erste betrifft die Kosten für den primären Lebensunterhalt (Essen, Trinken, Wohnen, Bekleidung), der durch die Renditen festverzinslicher Wertpapiere sichergestellt ist. Der zweite Bereich bezieht sich auf den Extra-Bedarf (Urlaub, Kultur, Hobby), der durch Aktienfonds gedeckt wird. Und schließlich grenzt der Senior-Floater einen persönlichen Luxus-Ausgaben-Bereich (Yacht, Nobelkarosse, Kunstgegenstände) ab und sieht dafür Aktien aus dem Neuen Markt vor. Ein gewisser Mindest-Lebensstandard ist somit stets gewährleistet. Diese Vorgehensweise erinnert an die Maslow'sche Bedürfnishierarchie, in der man die nächsthöhere Stufe erst beschreitet, wenn die vorhergehende erreicht wurde.

Ein dritter Anleger entschließt sich, bei einem Kreditinstitut oder einer Versicherungsgesellschaft eine Einmalanlage in Höhe seines kompletten Endkapitals zu leisten und sich eine lebenslange Rente garantieren zu lassen. Bei einer Einzahlung von 700.000,– DM und einem Eintrittsalter von 50 Jahren erhält er ab sofort lebenslang eine garantierte Rente von 3.008,– DM pro Monat (Angebot einer Lebensversicherung). Bei einem unterstellten zusätzlichen Gewinnsatz von 2,5 % erhöht sich der Betrag auf 3.904,– DM monatlich. Bei Tod der versicherten Person wird der geleistete Einmalbetrag abzüglich bereits gezahlter, garantierter Renten zurückerstattet, sodass die Erben nicht leer ausgehen.

Die Angst vor dem Freizeitschock

Die Mehrzahl der ambitionierten Floater wird die Berufstätigkeit zum angestrebten Zeitpunkt mit 50 beenden können. Allein schon aus einem Grund: Sie haben ein Ziel vor Augen, das auch über einen längeren Zeitraum Motivationskräfte freisetzt. Einige wenige werden dennoch scheitern. Vielleicht aufgrund einer unerwarteten Börsenentwicklung oder eines unvorhersehbaren Schicksalsschlags. Ihr tief gehegter Wunsch wird trotz aller Bemühungen nicht in Erfüllung gehen. Umgekehrt gibt es in der Bundesrepublik Deutschland eine Vielzahl von Personen, die im Alter von 50 oder 55 Jahren bereits finanziell in der Lage wäre, von den Zinsen des Ersparten zu leben – es aber nicht tut; teilweise bewusst, teilweise unbewusst. Der Kreis der potenziellen Floater wird noch größer, wenn man diejenigen einbezieht, die durch einfache Umschichtungen ihrer Vermögensanlage die finanziellen Voraussetzungen sofort oder nach wenigen Jahren erfüllen könnten. Die Umschichtung nehmen sie vielleicht noch vor, aber die frühzeitige Beendigung der Berufstätigkeit ist für sie unvorstellbar. Warum zögert dieser Personenkreis, aus dem Berufsleben auszuscheiden und neuen, selbstbestimmten Inhalten nachzugehen? Dieser Fragestellung wird im Folgenden nachgegangen.

Für einige hört der Spaß in der Freizeit auf

Der Freizeitschock besteht darin, dass sich ein an Zwänge gewöhnter Mensch umstellen muss, wenn er plötzlich keinen Erfordernissen mehr unterworfen ist. Die Folge: Er sucht nach neuen Zwängen. Der Mensch scheint zumindest zum Teil auf Anstrengung und Leistung programmiert zu sein. Er erlebt einen Schock, wenn die permanente Hochleistung, die Ausdruck gerade der westlichen Industriekultur ist, nicht mehr erforderlich ist und eine Phase der Entspannung eintreten soll. Die reizarme Umgebung führt zu einer Unausgefülltheit und Erlebnisarmut. Die Folge sind bei einer nicht geringen Anzahl von Personen regelrechte Entspannungsneurosen. Der Satz »Ich langweile mich zu Tode« kennzeichnet die Befürchtungen zutreffend. Die Leere wird mitunter sogar empfunden, wenn nur zwei Tage berufsfreier Zeit anstehen – an Wochenenden. Manager sind vom Freizeitschock überproportional oft betroffen. Die Anpassungsschwierigkeiten steigen, wenn ein längerer Urlaub zu »bewältigen« ist, und erreichen ihren Höhepunkt, sobald die Rentenzeit mit 65 Jahren unwiderruflich beginnt. Der Freizeitschock wird im letztgenannnten Fall zum Renten- oder Pensionsschock.

Die Floating Time stellt ebenfalls eine langfristige Freizeitperiode dar. Allerdings kann sie wahlweise auch von fortgesetzten beruflichen Ambitionen (gewerbliche Tätigkeit, Freiberuflichkeit etc.) oder von sozialen Aktivitäten, die ein hohes Maß an Arbeitseinsatz erfordern, begleitet sein. Vielleicht wird der Floater aufgrund gestiegener Selbstmotivation täglich sogar länger arbeiten als während seiner abhängigen Beschäftigungszeit. Darüber entscheidet er selbst. In vielen Fällen ist allerdings davon auszugehen, dass mehr freie Zeit auf den Floater zukommen wird. Der Renten- oder Pensionsschock trifft ihn zudem 15 Jahre früher als den Normalbeschäftigten. Der Floater hat sich allerdings durch seine zuvor praktizierte ausgewogene Balance zwischen Beruf und Freizeit besser auf die neue Situation eingestellt. Er ist eher dazu in der Lage, die Freiräume sinnvoll zu nutzen. Für viele andere Berufstätige ist diese ideale Ausgangssituation aber nicht gegeben. Besonders nicht für den Personenkreis, der sich zeit seines Lebens auf die Arbeit konzentriert hat und zumindest schon im Unterbewusstsein ahnt, dass er eigentlich wenig mit einer langen Freizeitphase anfangen kann. Folgerichtig wird versucht, den Zeitpunkt bis dahin so weit wie möglich nach hinten zu verschieben. Von der Ausnahme der Selbstständigkeit abgesehen, ist dann aber mit 65 endgültig Schluss. Alle Berufstätigen freuen sich zwar auf den Rentenbeginn – einige haben aber ein ungutes Gefühl dabei.

Der oben beschriebene Personenkreis befürchtet u. a. einen Machtverlust nach Beendigung seiner Berufstätigkeit. Zuvor war man gewohnt, in einer nach hierarchischen Gesichtspunkten orientierten Betriebsorganisation Anweisungen zu erteilen und ggf. auch hinzunehmen. Alles war geregelt. Jetzt sagt einem niemand mehr, was zu tun ist. Und man selbst hat auch nicht mehr die Möglichkeit, Aufgaben zu delegieren. Damit hängt auch die Besorgnis zusammen, mit Beginn der Rentenzeit einen Teil des sozialen Status zu verlieren. Als Abteilungsleiter oder Meister stellte man schließlich etwas dar. Ein möglichst voller Terminkalender dokumentierte die eigene Bedeutung.

Im Falle der Floating Time fühlen sich die Betreffenden – fast müsste man im wahrsten Sinne des Wortes die »Betroffenen« sagen – wie Frührentner ohne Sinn bringende Tätigkeiten. Früher wurde ein eindeutig belegbarer Beitrag zur Steigerung des Bruttosozialprodukts geleistet – zum Wohl der Gesellschaft. Jetzt ist man aus der Leistungsgesellschaft verbannt worden und wird von niemandem mehr für voll genommen. Um mit den Worten von Betriebswirten zu sprechen: Diese Personen sind abgeschrieben, die Investitionen in sie haben sich amortisiert – übrig bleiben lediglich Erinnerungswerte in den Büchern. Die Sichtweise der Inhaltsleere in der berufsfreien Zeit entspricht aber nicht den Tatsachen. Gerade um für sich und die Gesellschaft Sinn bringende Aktivitäten einzuleiten, beendet der Floater seine Berufstätigkeit frühzeitig. Und wenn der soziale Status als Argument angeführt wird: Was, meinen Sie, verschafft jemandem in seinem gesellschaftlichen Umfeld ein höheres Ansehen – eine Abteilungsleiterfunktion, die eigentlich niemand genau beschreiben kann, oder eine neue Position als Vorsitzender eines Verbands, der ständig nach außen gerichtet Öffentlichkeitsarbeit für die Ideale seiner Organisation betreibt und dessen Meinung in der Lokalpresse publiziert wird?

Andere Befürchtungen, die Freizeit nicht zu bewältigen, hängen mit monetären Motiven zusammen. Es besteht eine allgemeine menschliche Neigung, im Alter verstärkt finanzielle Sicherheitsbedürfnisse zu empfinden. Davor ist auch der junge Floater später nicht gefeit. Die Risikobereitschaft nimmt ab. Revolutionäre, die alles auf eine Karte setzen, waren folgerichtig in der Geschichte auch niemals ältere Personen. Heute 60-Jährige sind in einer Zeit groß geworden, in der Wirtschaftsgüter jeder Art knapp waren. Es galt, das Erworbene unbedingt zu sichern, um nicht morgen wieder mit leeren Händen dazustehen. Diese frühe Prägung haben viele auch im Alter nicht abgelegt – selbst bei mittlerweile komfortablen finanziellen Situationen. Zumeist stellen sie im Alter von 60 Jahren fest, über höhere Geldmittel zu verfügen als in jungen Jahren. Das Haus ist bereits abgezahlt, und die Kinder stehen auf eigenen Füßen. Und trotzdem sind sie immer noch darauf fixiert, bis zum Alter von 65 Jahren – als letztmöglichen Zeitpunkt – Einnahmen aus einem abhängigen Beschäftigungsverhältnis zu erzielen. Erst durch den unwiderruflichen Rentenbeginn werden sie daran gehindert. Bei einem Freizeitbeginn mit 50 erkennen sie nicht die Chancen und Freiräume des Floating, sondern versteifen sich auf den Negativ-Aspekt, keine regelmäßigen, beruflichen Einkünfte aus einem Beschäftigungsverhältnis mehr zu erzielen.

Der junge Floater ist dagegen in Wohlstandszeiten groß geworden und hat es daher leichter, im fortgeschrittenen Alter rational und sicherlich auch mit der nötigen kaufmännischen Vorsicht zu berechnen, wie viel Geld er eigentlich wirklich bis zu seinem Lebensabend benötigt. Dabei ist selbstverständlich auch ein finanzielles Sicherheitspolster zu berücksichtigen.

Mitunter wird mit der permanenten Freizeitsituation auch die Befürchtung verknüpft, mehr als vorher zu konsumieren und die finanzielle Belastung, die daraus resultiert, nicht tragen zu können. In der Tat verleitet eine zunehmende Freizeitdauer dazu, die Ausgaben auszuweiten. So gehören z. B. verstärkte Reiseaktivitäten zu den beliebtesten Aktivitäten von Rentnern in den westlichen Industrieländern. Insbesondere der Floater ist als Mensch mit vielen Interessenlagen den Versuchungen des freizeitorientierten Konsums stark ausgesetzt. Auch für die Reaktivierung weiterer Aktivitätsfelder wie z. B. sozialer Engagements ist mitunter ein hohes Budget erforderlich. Der Floater ist auf diese Situation insoweit gut vorbereitet, als er es bereits in jungen Jahren lernte, mit einem bestimmten Haushaltsetat über die Runden zu kommen und sogar Ersparnisse aufzubauen. Er hat Training »on the Job« betrieben und ist dabei zu einem gebremsten bzw. kontrollierten Lebemenschen geworden. Von einem reinen Statuskonsum hat er sich stets distanziert. Aufgrund dieser gereiften Ausgabedisziplin wird er auch weiterhin seine Konsumausgaben auf den Prüfstand stellen und ist somit in der Lage, auch den konsumorientierten Freizeitschock zu vermeiden.

Muße und nicht Langeweile

Warum fällt es eigentlich vielen Menschen so schwer, einfach nur dazusitzen und nichts zu tun? Wer dazu überhaupt nicht in der Lage ist, hat letztendlich Probleme mit sich selbst. Er weicht der Auseinandersetzung mit seiner eigenen Person aus. Sich selbst im Nichtstun zu ertragen ist viel schwieriger, als man denkt. Die Leistungsgesellschaft trägt in unserem Kulturkreis entscheidend mit dazu bei, dass es immer mehr Personen schwer fällt, mit sich ganz allein zu sein – in einer Zeit ohne Beschäftigung. Anstatt sich Muße zu gönnen, regiert das Zeitmanagement mit seinem Anspruch, Aufgaben möglichst effizient zu bewältigen. Die Belohnung für denjenigen, der seine Zeit gut managt, besteht aber häufig darin, dass er mit noch mehr Aufgaben überhäuft wird. Bereits ein Sprichwort sagt: »Wenn du etwas erledigt haben möchtest, wende dich an denjenigen, der bereits viel zu tun hat.« Der zeitgemanagte Mensch arbeitet zum Schluss wie eine Präzisionsuhr. Er wird Sklave der Zeit; die Uhr ist seine Handschelle. In Büchern, die Erfolgsprinzipien darstellen, findet man mitunter den Hinweis, alles so schnell und effizient wie möglich zu erledigen. Dies ist aber ein schlechter Rat. Mitunter zeigt uns bereits der Körper den besseren, richtigen Weg auf, und zwar in Krankheitsphasen. Es mutet geradezu absurd an, dass wir uns Phasen des erholenden Nichtstuns einzig und allein gönnen, wenn wir krank sind. Offensichtlich nur in dieser Situation wird eine ungeplante Phase ohne Zeitmanagement von der Psyche akzeptiert. Vorher und nachher regiert dagegen das Leistungsdiktat, das kein Abschalten erlaubt. Die entscheidende Frage lautet: Wie kommt man aus dem Teufelskreis heraus?

Carpe diem – Ein altes Prinzip hat ausgedient

Dem Prinzip des Carpe diem, »Nutze den Tag«, setzt der Psychologe David J. Kuntz die Methode des »Stopping« gegenüber. Es geht um die Fähigkeit, im hektischen Alltag bewusst innezuhalten. Darin besteht auch der Unterschied zwischen Langeweile beim Freizeitschock und Muße – nicht Untätigkeit – als einem positiven Zustand. »Stopping« ist auch während eines anstrengenden Arbeitstags immer wieder möglich. Zum Beispiel, wenn man an einer roten Ampel steht, auf die nächste Bahn oder auf einen Ausdruck am Computer wartet. Gelingt es, sich am Tag ein dutzend Mal zu besinnen, wird man insgesamt ausgeglichener, zufriedener und letztendlich leistungsstärker. Diese Verhaltensempfehlung entspricht einer alten chinesischen Redensart: »Wenn du es einmal eilig hast, mach einen Umweg.« So kann es zu einem Ritual werden, sich im Supermarkt stets an die Kasse mit der längeren Schlange anzustellen. Dem Stress, sich zu irren, wenn man die falsche gewählt hat, wird dadurch wirksam vorgebeugt.

Die Muße und nicht die effiziente Hast durch Zeitmanagement wird zum neuen, Erfolg versprechenden Lebensstil. Dabei kann die bewusste Nichtplanung eines Wochenendes vom Floater als Vorbereitung für die spätere permanente Freizeitsituation betrachtet werden. Gelingt es ihm, einen Wochenend-Freizeitschock zu vermeiden, steigen die Chancen, auch im Alter den Renten- bzw. Pensionsschock zu überwinden. Eine nützliche Übung besteht auch darin, einmal festzustellen, wie viele Dinge man im Leben bleiben lassen kann. Und umgekehrt, zu erkennen, welche Dinge im Leben wirklich wichtig sind. Erst wer neben allen Betätigungen auch eine Langsamkeit in seinem Tun entdeckt, erlebt die Zeit als erfüllt und kann die Freizeit genießen.

Uns begleitet ein Zeitparadoxon: Obwohl es objektiv feststeht, dass uns mehr Freizeit zur Verfügung steht als vorherigen Generationen, haben die Menschen in zunehmendem Maß das Gefühl, immer weniger Zeit zu haben. Die Reduzierung der Arbeitszeit und der Einsatz aller möglichen Dinge, die der Zeitersparnis dienen, haben dieser Tendenz nicht entgegenwirken können. Der heutige Mensch neigt dazu, den Tagesablauf als eine Kette von Verpflichtungen zu betrachten: Erst die Arbeit, dann die Familie, anschließend die Hausarbeit usw., usw.

Die Formel **Freizeit = 24 Stunden minus Arbeitszeit** greift nicht mehr.

Der Leistungsgedanke wird auch auf den Konsum und die Freizeit übertragen. Die Messlatte ist dabei hoch gelegt. Es geht um nichts Geringeres als um die Suche nach dem Glück, ja, nach dem Sinn des Lebens. Derjenige, der einer Freizeitbeschäftigung nachgeht, gibt heutzutage über seinen Lebensstil Auskunft. Gerade wenn sich die Arbeitswelt monoton darstellt, ist das Bedürfnis nach expressiver Freizeitgestaltung umso größer. Solange die Humanisierung des Arbeitsplatzes graue Theorie bleibt, wird es keinen systematischen Übergang zwischen Arbeit und Freizeit geben. Sollte die Arbeitszufriedenheit in weiten Bevölkerungskreisen eines Tages ansteigen und Konzepte wie das »Job Enrichment« Realität werden, würden vielleicht sogar die finanziell unabhängigen Floater länger als bis 50 arbeiten. Das Motto »Erst die Arbeit und dann die Freizeit« ließe sich überwinden. Bis zum heutigen Tag existieren allerdings die beiden Pole: Sinnentleerung und Frust im Beruf auf der einen und Selbstverwirklichung in der Freizeit auf der anderen Seite. Die reizüberflutete Freizeitgestaltung kann aber nicht zur Entspannung führen. Der ultimative Kick, den die berufsfreie Zeit bringen soll, führt viel zu oft zu blankem Aktionismus. Wir amüsieren uns in der Tat zu Tode. Für Musik, Internet-Surfen, Bücher lesen, Video, Radio, Einkäufe, Kultur, Events und Kurztrips brauchen wir am besten einen 30-Stunden-Tag. Die Folge: Die Freizeit wird in arbeitsähnliche, straff organisierte Arrangements aufgeteilt.

Die permanente Freizeitpower führt dazu, ständig das Gefühl zu haben, etwas Wichtiges zu verpassen. Dabei besteht der eigentliche Freizeitzweck in der Erholung. Und die lässt sich in entspannter Atmosphäre viel eher erzielen als in Freizeitparks mit unendlicher Hektik. Vor 40 Jahren bestand eine der liebsten deutschen Freizeitbeschäftigungen übrigens darin, aus dem Fenster zu schauen. Heute unvorstellbar. Angesagt ist nur, was prestigeträchtig ist und am besten mit »ing« endet: Trekking, Biking, Inline-Skating … Dies veranlasste einen bodenständigen Häuslebauer auf die Frage, was er denn in seiner Freizeit mache, zu der Antwort: »Steinschlepping.«

Die unendliche Leichtigkeit des Seins

Es sind bei weitem nicht alle Personen dazu in der Lage, sich auf die berufsfreie Zeit einzustellen. Denn eines steht fest: Wenn eine Person nicht frühzeitig gelernt hat, bestimmte Interessenlagen zu entwickeln, wird sie es später auch nicht mehr tun. Jemand, der in jungen Jahren Sportaktivitäten jeglicher Art vermied, wird im fortgeschrittenen Alter kein passionierter Jogger werden. Dies ist die bittere Pille, die die Hochleistungsmanager schlucken müssen. Wer sich bis zur Floating Time oder sogar bis zum Rentenalter für nichts anderes als den Beruf interessierte, wird später kaum neue Interessen finden. Weder seine Leidenschaft zur Musik noch zum Theater oder zur Geschichte werden sich plötzlich entfalten. Viele Hobbys werden im Alter reaktiviert, aber in den seltensten Fällen neu aktiviert. Daher sind die Berufskarrieristen viel häufiger Entspannungsneurosen ausgesetzt als Floater, die das Work-Life-Balance-Konzept verfolgen.

Es lassen sich auch bildungsbezogene Unterschiede beim Verkraften des Freizeit- bzw. Rentenschocks aufzeigen. Personen mit höherer Schulbildung sind offensichtlich eher dazu in der Lage, Hobbys und andere Aktivitäten zu aktivieren. Sie gestalten ihre Freizeit zumeist auch abwechslungsreicher und sind in Vereinen überproportional präsent.

Fazit: Der Freizeit- bzw. Rentenschock ist bei allen Menschen mehr oder weniger stark ausgeprägt. Die Sozialisation zum Freizeitmenschen ist bei weitem noch nicht abgeschlossen. Nach wie vor dominiert die Leistungsgesellschaft mit einseitig orientierten Zielvorgaben. Neue Arbeitsformen wie die Teilzeit- oder Telearbeit sowie eine familienorientierte Unternehmenspolitik lassen die Grenzen zwischen Arbeit, Familie und Freizeit bereits fließender werden. Zukünftig wird die hocheffiziente und globale Wirtschaft allerdings immer weniger Menschen Vollzeitarbeitsplätze zuweisen. Der Floater ist auf alle Entwicklungen durch sein Lebenskonzept bestens vorbereitet. Während einige Menschen beim Übergang in die permanente Freizeit geistig und körperlich rapide verfallen, wird er in der berufsfreien Zeit neue Chancen zur Selbstverwirklichung entdecken. Zudem verfügt er gegenüber dem Normalbeschäftigten über einen Altersvorteil: Während bei 65-Jährigen mitunter die geistige, körperliche und seelische Mobilität nicht mehr groß genug ist, um die Anpassung reibungslos zu überstehen, verfügt der Floater im Alter von 50 Jahren in allen drei genannten Bereichen noch über einen Großteil seiner Potenziale. Er leitet in der neuen Lebensphase vielfältige – teilweise gesellschaftlich wertvolle – Aktivitäten ein und sieht dabei in ausreichendem Maß auch Zeitpuffer vor. Damit beugt er sowohl dem Freizeitschock als auch dem Freizeitstress vor. Er wird sich in dieser Lebensphase weder über- noch unterfordern.

Die Floating Time als berufsfreie Aktivzeit

Die Zeit des abhängigen Beschäftigungsverhältnisses endet mit Beginn der Floating Time. Es schließt sich allerdings keine Phase des Müßiggangs an, sondern eine abwechslungsreiche Aktivzeit. Diese lässt sich mit verschiedensten Inhalten füllen. Eine der Möglichkeiten, die Selbstständigkeit »light«, haben wir bereits kennen gelernt (siehe Seite 127). Nach Schilderung der Ausgangssituation werden eine Reihe von Freizeitaktivitäten einschließlich sozialer Engagements aufgezeigt.

Das beste Alter steigt ständig an

Zu Beginn des neuen Jahrtausends sind ungefähr 20 Mio. Menschen in Deutschland über 50 Jahre alt (23% der Bevölkerung). In 20 Jahren wird es nach Berechnungen des Statistischen Bundesamts nahezu jeder Zweite sein! Interessant ist ein Vergleich mit dem Durchschnittsalter der Weltbevölkerung. Über einen längeren Zeitpunkt bewegte es sich stets um die 20 Jahre. Noch im Jahre 1975 waren es gerade einmal 22 Jahre. Aber in ca. 50 Jahren wird der Erdenbürger durchschnittlich 38 Jahre alt sein – nahezu eine Verdopplung in historisch kurzer Zeit. Das Altern ist daher ein zentrales Thema des 21. Jahrhunderts. Infolgedessen wird es einen Nachfrageboom nach Lifestyle-Präparaten wie z. B. »Viagra« geben. Die neuen Alten stehen den schönen Dingen des Lebens aufgeschlossener gegenüber als die Vorgeneration. Ganz nach dem Motto: »Wichtig sind nicht die Jahre im Leben, sondern das Leben in den Jahren.«

Die »Golden Oldies« orientieren ihre Einstellung zu Konsum und Medien nicht an den heute 60-Jährigen. Sie fühlen sich im Durchschnitt zehn Jahre jünger. Selbst im Harley-Biker-

Club sind die Senioren mittlerweile in der Mehrheit. Auch ihr Anlageverhalten ist nicht mehr so konservativ. Aktienfonds besitzen sie schon heute weit überdurchschnittlich (Index 120) und auch Aktien leicht über dem Durchschnitt der Bundesbürger (Index 102). Für den Floater ist die Freizeitbeschäftigung als »Börsenexperte« ideal. Seine geistige Fitness wird durch das permanente Auf und Ab des Börsengeschehens trainiert. Jeden Tag sind neue Informationen zu verarbeiten, um daraus Kauf- und Verkaufsempfehlungen abzuleiten. Die Autoren können Ihnen als Floater in spe dieses Hobby sehr ans Herz legen, da es Sie jung hält. Um z. B. Aktienkurse online abzufragen, wird auch das Internet in zunehmendem Maß von Älteren in Anspruch genommen. In den letzten fünf Jahren hat sich die Anzahl der Nutzer über 50 verfünffacht (mittlerweile 12% der Gesamtnutzerzahl). Keine andere Altersgruppe konnte derartige Zuwächse verzeichnen. Aus dem Vorangegangenen wird deutlich: Offensichtlich befinden wir uns auf dem Weg zur alterslosen Gesellschaft. Das wirkliche Altern beginnt heute nicht mehr mit 50, sondern eher mit 70 Jahren. Der Begriff »Best Ager« ist in der Tat zutreffend. Sie haben also als Senior-Floater die besten Jahre ihres Lebens noch vor sich.

Im Hinblick auf das Wohnverhalten ist die Generation ab 50 weitaus mobiler, als vielfach angenommen. Während zuvor Einschränkungen durch Kinder, Beruf und Ausbildung zu berücksichtigen waren, sind jetzt Freiräume entstanden. Die wiedergewonnene Unabhängigkeit drückt sich vielfach in der Suche nach neuen Wohnsitzen mit attraktivem kulturellen Angebot, angenehmem Klima sowie zu Fuß erreichbaren Einkaufsmöglichkeiten aus. Zentral gelegene Wohnungen sind dabei die erste Wahl. Floater, die zur Miete wohnen, weil sie die hohe Kapitalbindung von Immobilien scheuen, verfügen über eine höhere Flexibilität im Vergleich zu Eigenheimbesitzern und können auch in diesem Punkt ihrem Name alle Ehre machen (engl. to float = wechseln), indem sie sich einen Altersruhesitz aussuchen, der ihren geänderten Wohnbedürfnissen entspricht. Nicht nur hinsichtlich der eigenen vier Wände, sondern auch bezüglich ihrer Freizeitaktivitäten sind sie zu Veränderungen bereit: Ein Fließbandarbeiter kann endlich seine Meditationsübungen regelmäßig durchführen und verbindet dies mit einem Aufenthalt in Indien; eine Fachverkäuferin entdeckt ihre Vorliebe für die balinesische Kunst wieder, töpfert seitdem und erzielt damit sogar einen kleinen Nebenverdienst …

Floating Time – Noch nie war Freizeit so lebendig

Die bunte Welt der Freizeitaktivitäten konnte sich nur herausbilden, weil sich die Lebens- und Wochenarbeitszeit in den letzten Jahrzehnten ständig verkürzte. Während früher die Arbeitnehmer noch zwei Drittel ihrer Zeit, die sie nicht schliefen, am Arbeitsplatz verbrachten, hat sich das Verhältnis zwischen Freizeit und Arbeit seit 1983 vekehrt. Mit ihren Vorlieben für Reisen, Gesundheitsartikel, Körperpflege und Autos ist die Zielgruppe der über 50-Jährigen mittlerweile ein gewichtiger Marktfaktor geworden.

Die bunte Welt der Floating Time

Reisen: neue faszinierende Welten kennen lernen;
Meditation: sich selbst finden;
Musik: ein Instrument spielen oder nur das Hören genießen;
Nutzung der Medien: vom TV bis zum Internet-Surfing;
Soziales Engagement: Mitarbeit gefragt;
Selbstständigkeit: aber bitte »light«;
Sprachen: Zugang zu anderen Kulturen;
Freizeitkonsum: zwischen Konsumaskese und Luxus;
Neue Wohnung: Start in ein neues Leben;
Hobbys: von Kunst bis Kommerz;
Do it yourself: Auf los geht's los!

Ob Sie reich sind, weil Ihnen die Zinsen des Ersparten finanzielle Unabhängigkeit garantieren, ist sicherlich Ansichtssache. Reich werden Sie aber in jedem Fall im Hinblick auf Erlebnisse und Gestaltungsmöglichkeiten sein. Aus der bunten Welt der Floating Time mit ihren vielen Freizeitaktivitäten möchten wir zwei Bereiche herausgreifen: das Reisen und das soziale Engagement.

Reisen – das liebste Hobby des Floaters

Kaum etwas besitzt im modernen Leben einen höheren Stellenwert als Reisen. Mittlerweile müssen Berufstätige erklären, warum sie während ihres Urlaubs die gesamte Zeit zu Hause bleiben und nicht zumindest einen Kurztrip machen. Auch für den Floater dürfte das Reisen einen hohen Stellenwert einnehmen. Er kann dort verschiedenste Neigungen ausleben: sich wie ein Spieler in Las Vegas fühlen, als Lebemann auf einer Luxusjacht weilen oder als Easy Rider die Route 66 unsicher machen. Alles ist möglich. Die Aufgeschlossenheit steigt, und alte Denkmuster werden über Bord geworfen. Fernab von der Heimat eröffnen sich Perspektiven, die eine Neuorientierung bewirken. Nirgendwo anders wird so intensiv über das Leben an sich nachgedacht. So ist es nicht verwunderlich, dass kaum etwas den Menschen mehr verändert als eine Reise. Unsere Umwelt reagiert darauf eher zurückhaltend. Sie haben sich an die »alte« Persönlichkeit gewöhnt und müssen sich jetzt umstellen. Max Frisch stellte einmal fest, dass Bekannte zu Freunden werden, wenn sie bereit sind, auf die Veränderungen des anderen einzugehen.

Auf Reisen wird in verstärktem Maß das eigene Gefühlsleben erforscht. Beim Eintauchen in fremde Welten erleben wir uns anders. Alte Erinnerungen werden wach, und neue Kräfte und Fähigkeiten kommen leichter zur Entfaltung. Für den Floater ist diese Erfahrung wichtig. Er befindet sich in einem neuen Lebensabschnitt, in dem bestehende Werte überdacht und neu sortiert werden. Er hat auf seinen Urlaubstrips die Möglichkeit, sich auf die berufsfreie Zeit gut einzustellen. Ein Fehler sollte allerdings vermieden werden: Wenn jedes Urlaubsdetail vorgeplant wird und keine Freiräume vorgesehen sind, dient der Urlaub nicht dem intensiven Erleben, sondern gleicht einer Tour de Force, ohne Muße und Erholung. Dieses Verhalten kennen wir bereits aus den Ausführungen zum blanken Aktionismus in der Freizeit. Hier wie da gilt: Es sind vielmehr die Stunden der Besinnung und des Unvorhergesehenen, die einen bestimmten Zeitraum, wie z. B. einen Urlaub, unvergesslich machen. In dieser Form kann Reisen für den Floater gerade zu Beginn der neuen Lebensphase zu einem bedeutenden Ereignis seiner Persönlichkeitsentwicklung werden. Und auch die sozialen Kontakte stehen in der Ferne auf dem Prüfstand. Mit dem Ehe- oder Lebenspartner auf Reise zu gehen hat schon so manche Beziehung gerettet oder die Kluft breiter werden lassen. Auch mit Bekannten wirkt das Zusammensein während des Urlaubs wie unter einer Lupe betrachtet. Man überwirft sich oder vertieft die Freundschaft.

31 °C Luft- und 23 °C Wassertemperatur

Ein Trend breitet sich aus: Die Deutschen erwerben immer mehr Ferienwohnungen fernab von der Heimat. Viele werden in bevorzugten Lagen wie der Toskana oder der Costa del Sol gekauft. Allerdings sollten Interessenten alle Details mit spitzem Bleistift nachrechnen. Die Anbieter von Time-Sharing-Modellen besitzen nicht gerade den besten Ruf. Seriöser sind dagegen die deutschen Bausparkassen, die den Zukunftsmarkt der Auslandsimmobilie für sich entdeckt haben und von der Finanzierung bis zur Vermittlung einen Fullservice bieten. Vernachlässigt werden von den Erwerbern oft hohe Unterhaltskosten (Steuern, kommunale Gebühren, Wasserpreise etc.), die regelmäßig anfallen. Wer sämtliche Kosten einbezieht, wird in der Mehrzahl der Fälle feststellen, dass es finanziell vorteilhafter ist, ein Hotel der gehobenen Klasse für z. B. drei Monate pro Jahr zu buchen. Man sollte sich immer vor Augen halten: Ferienwohnungen sind in der Regel der reine Luxus. Dagegen können Sie sich in der Hotelunterkunft bedienen lassen und erhalten zudem Ihre Flexibilität, die sich schon so oft für das Floating als vorteilhaft erwiesen hat. Im Unterschied zum Käufer einer Ferienwohnung sind Sie an keinen Urlaubsort gebunden.

Die Kostenkalkulation für einen längerfristigen Aufenthalt in einem Hotel können Sie noch günstiger gestalten, indem Sie Ihre eigene Wohnung in diesem Zeitraum vermieten. Vielerorts werden Unterkünfte für Messegäste oder kurzfristige Firmenbesucher gesucht. Aufgrund niedriger Lebensunterhaltskosten in Südostasien, der Türkei oder Ägypten können die Kosten für den Urlaub mitunter sogar vollständig ausgeglichen werden.

Das soziale Engagement

Kirchliche Institutionen und Wohlfahrtsverbände beklagen einen zunehmenden Schwund an Mitgliedern. Das klassische Ehrenamt befindet sich in der Krise. Dies ist jedoch nicht auf einen gestiegenen Egoismus der Menschen zurückzuführen, sondern auf einen Wandel des sozialen Engagements selbst. Die Menschen wollen sich nach wie vor für Hilfsbedürftige oder bestimmte Ziele einsetzen – aber nicht mehr für eine weltanschaulich orientierte Institution. So ist die Zahl der ehrenamtlichen Helfer bei den Unfall- und Rettungsdiensten sowie Selbsthilfegruppen weiter gestiegen. Was müssen die traditionellen Verbände wie Parteien, Wohlfahrtsverbände und kirchliche Einrichtungen tun, um die durchaus vorhandene Hilfsbereitschaft der Menschen zu aktivieren? Wie kann ein Floater für diese Ehrenämter gewonnen werden? Einer der entscheidenden Punkte ist, ein begrenztes Engagement zu ermöglichen. Viele Menschen bevorzugen überschaubare Projekte. Nach deren Bearbeitung steigen sie aus, um sich wieder den in der Zwischenzeit vernachlässigten Alltagsproblemen widmen zu können. Für das nächste oder übernächste Hilfsprojekt stehen sie dann erneut zur Verfügung. Ein weiterer Aspekt, um die Situation zu verbessern, besteht darin, bei nicht berufstätigen Frauen die Selbstlosigkeit nicht zu sehr in den Vordergrund zu stellen. Viele Frauen, deren Anteil übrigens in den Non-Profit-Organisationen überwiegt, suchen nach Selbstverwirklichung, worauf viel zu wenig abgestellt wird.

Führt man die Floater oder andere Personenkreise wie oben beschrieben an mildtätige Institutionen heran, steht einem lebenslangen Engagement nichts mehr im Wege. In der Rentenzeit ließe sich die Bereitschaft zu helfen noch intensivieren. Insbesondere das klassische Ehrenamt mit einer starken Überalterung seiner Mitglieder würde einen Aufschwung nehmen. Der Floater ist gerade einmal 50 Jahre alt und verfügt über das aktuelle Wissen seines Berufszweigs. Wenn dieses Knowhow in die soziale Tätigkeit einfließt, werden auch effizienter neue Mitglieder geworben. Das »Hilfsbereitschafts-Potenzial« ließe sich enorm erhöhen.

Vier Praxis-Floater

Im Folgenden möchten wir Ihnen vier Praxis-Floater, so wollen wir sie nennen, vorstellen, die sich in unterschiedlichen Entwicklungsstadien des Floating befinden. Dabei werden Sie nicht mit umfangreichen Schilderungen von Einzelfällen gelangweilt, die ohnehin nicht mit Ihrer eigenen Einnahme-Ausgabe-Situation übereinstimmen. Vielmehr kam es uns darauf an, im Zuge einer mündlichen Befragung herauszufinden, ob es bestimmte

Handlungsweisen, Entscheidungen oder Grundsätze gibt, die bei allen vier Praxis-Floatern anzutreffen sind. Es liegt die Vermutung nahe, dass es sich dabei um die Erfolgskriterien des Floating handelt. Stellen wir zu Beginn ein kurzes Profil der Befragten auf:

Eigenschaftsprofile der vier Praxis-Floater

Alter	27 Jahre	44 Jahre	49 Jahre	37 Jahre
Floating-Stadium	Beginn erste Lebensphase: Junior-Floater	Ende erste Lebensphase: erfahrener Floater	Beginn zweite Lebensphase: Auslandsfloater	Mitte erste Lebensphase: Midlife-Floater
Familienstand	ledig, ohne Kinder	verheiratet, ohne Kinder	verheiratet, zwei Kinder	geschieden, ein Kind
Familieneinkommen	unterdurchschnittlich	überdurchschnittlich	durchschnittlich	leicht überdurchschnittlich
Zielsetzung	Berufsausstieg mit Anfang 50 geplant	systematischer Berufsausstieg, zunächst Teilzeitarbeit und anschl. Floating Time	Berufsausstieg bereits mit 48 Jahren erfolgt	Berufsausstieg mit 53 Jahren geplant
Beruf	Junior-Productmanager	Referent	Sachbearbeiter	Sachgebietsleiter

Bei Betrachtung der Eigenschaftsprofile wird deutlich, dass die Praxis-Floater unterschiedliche demographische Merkmale aufweisen. Bezogen auf das Alter wird eine weite Bandbreite abgedeckt: Der 27-Jährige hat mit dem Floating-Konzept gerade begonnen und der 49-Jährige beendete bereits seine Berufstätigkeit. Zwischen dem jüngsten und dem ältesten Floater liegt somit altersmäßig nahezu eine ganze Generation. Dennoch lassen sich in ihren Verhaltensmustern eine Reihe von gleichförmigen Tendenzen erkennen. Dies ist aufgrund der einheitlichen Zielsetzung auch nicht verwunderlich. So berichten alle vier Praxis-Floater hinsichtlich der Dauer der Arbeitszeit, dass sie wochentags das tariflich vorgesehene Maß nicht überschreiten. Der Durchschnitt liegt bei ca. 8,00 bis 8,25 Stunden pro Tag. Zu Mehrstunden sind sie selbstverständlich bereit, sofern die Arbeitssituation es erfordert. Interessant ist, dass darüber hinaus auch zwei der Befragten regelmäßig »Mehrarbeit« leisten, und zwar an den Wochenenden. Die zusätzlichen Arbeitsstunden am Samstag und Sonntag werden dabei im Wechsel mit Freizeitaktivitäten harmonisch integriert. Dagegen bemühen sich die

Praxis-Floater von Montag bis Freitag darum, das Arbeitspensum in der dafür vorgesehenen Regelarbeitszeit zu bewältigen, um die verbleibende Zeit für ihre Familie und die Freizeitbeschäftigungen zu nutzen. Ein weiteres gemeinsames Kriterium der Praxis-Floater ist, dass sie aufgeschlossen gegenüber Neuem sind und ein abwechslungsreiches Freizeitprogramm vorsehen: Motorrad fahren, Sprachen, do it yourself, Volleyball, Fußball, Doppelkopf, Theater, Aktien usw. Diesen außerberuflichen Aktivitäten wird ein hoher Stellenwert eingeräumt, wobei die Freizeitorientierung bei den älteren Praxis-Floatern sogar noch ansteigt.

Die Floating Time ist keine »Endstation Sehnsucht«

Trotz oder vielleicht wegen der umfangreichen Interessengebiete fühlt sich die Mehrzahl der Praxis-Floater bei ihrer Arbeit wohl. Die Frage »Arbeiten Sie gern?« wurde von drei der vier Befragten mit »Ja« und von einem mit »teils – teils« beantwortet. Allerdings besteht auf der anderen Seite auch ein ausgeprägter Wunsch, die Dauer der Beschäftigungszeit nicht bis zum Rentenalter auszuweiten. Einer der Praxis-Floater hat es sogar bereits geschafft, die Berufstätigkeit zu beenden. Er befindet sich in der zweiten Lebensphase, indem er seine Berufstätigkeit mit 48 Jahren abschloss und in das Ausland auswanderte. Von den übrigen plant der 37-Jährige, bis 53 zu arbeiten, der 27-Jährige bis Anfang 50 und schließlich der 44-Jährige zunächst in ein Teilzeit-Arbeitsverhältnis zu wechseln, bevor die berufsfreie Zeit beginnt. Aufgrund der vorhandenen Arbeitsmotivation wird die Floating Time nicht als »Endstation Sehnsucht« aufgefasst, sondern eher als ein ergänzendes Lebensziel, um seine außerberuflichen Interessen zu einem späteren Lebenszeitpunkt intensivieren zu können. Keiner der Befragten zählt die Minuten bis zum Arbeitsende und rettet sich auch nicht von einem Wochenende oder einem Urlaub zum nächsten. Vielmehr sorgt das Nebeneinander von Arbeit und Freizeit für eine Ausgewogenheit, die zur psychischen Stabilität beiträgt und Erholungs- bzw. Regenerationsphasen ermöglicht. Erst dadurch ist eine optimale und motivierte Arbeitsleistung gewährleistet. Das abwechslungreiche Freizeitprogramm hat zur Folge, dass alle vier Praxis-Floater bereits über feste Vorstellungen verfügen, wie sie die berufsfreie Zeit verbringen möchten. Zum Beispiel in Form einer »Selbstständigkeit auf Sparflamme«, um sich ein kleines, zusätzliches Einkommen zu verdienen.

Alle Aktivitäten, die in der Floating Time geplant sind, wurden von den Praxis-Floatern mit großer Begeisterung vorgetragen: Training einer Volleyball-Mannschaft, Volkshochschulkurse, Pflege eines Hundes, Auslandsreisen in exotische Länder, Mitarbeit in der Welthungerhilfe oder Unterstützung von deutschstämmigen Spätaussiedlern. Einer der Befragten hat die Absicht, auf seine Berufserfahrung zurückzugreifen, indem er Jungunternehmer bei der Existenzgründung berät. Er betonte dies auch unter dem Aspekt, sich nach seinem Berufsausstieg nicht nur Freizeitinteressen widmen zu wollen, sondern ökonomisch weiterhin für die Gesellschaft einen wertvollen Beitrag zu erbringen. Dieses Mal aber unter anderen Vorzeichen. Es steht nicht mehr die Weisungsgebundenheit in einem abhängigen Beschäftigungsverhältnis im Vordergrund, sondern die freie Entscheidung, Unternehmensgründer unterstützen zu wollen.

Ihr Platz an der Sonne statt eines Großraumbüros

Der Praxis-Floater, der seine Berufstätigkeit beendete, lebt seitdem im Ausland. Dies entspricht zwar nicht dem Modell-Floater, der stets seine Einbindung in die Gesellschaft betonte, es stellt aber einen möglichen Weg dar. Jeder Einzelne entscheidet darüber, wie er die erzielte finanzielle Freiheit für sich persönlich umsetzt. Der Auslands-Floater konnte seinen Wunsch mit dem Gehalt eines Sachbearbeiters in einem Großunternehmen erfüllen. Kontinuierlich sparte er jeden Monat einen Teil seines Einkommens. Zunächst überwogen in der Anlagestruktur in- und ausländische Rentenpapiere. Später ist er auf die rentableren Aktien und Aktienfonds aufmerksam geworden und schichtete sein Vermögen in den letzten sieben Jahren bis zum Berufsausstieg konsequent um. Dies war der ausschlaggebende Punkt, um alle finanziellen Hürden zu meistern. Sein ausgeprägtes Fernweh konnte er dadurch schon weit früher befriedigen, als es in seiner Planung vorgesehen war. Und in Mallorca angekommen, entwickelten sich die Projekte in der neuen Heimat vorteilhaft. So fügte er als passionierter Häuslebauer Stein auf Stein zusammen und feierte schon bald Richtfest für eine kleine Hotelanlage. Der Auslands-Floater erreichte das, was ihm vorschwebte: Er konnte sein Hobby im wahrsten Sinne des Wortes ausbauen, lernte viele neue Menschen kennen und sprach sehr bald deren Sprache.

Spare in der Zeit, dann hast du in der Floating Time

Der 44-jährige Floater betonte während seiner Befragung sein zielstrebiges Sparverhalten und abwägendes Konsumieren als wertvollen Lösungsbeitrag zur Erreichung der Floating Time. Er lebt allerdings keineswegs asketisch. Und was noch viel wichtiger ist – er empfindet die Ausgabenkürzung zu keinem Zeitpunkt als einschränkend. Sein Lebenskonzept motiviert ihn derart, dass ein begrenzter Konsumverzicht problemlos möglich ist.

Bezogen auf seinen Nachlass sprach der 37-jährige Floater offen darüber, seinem Sohn ein nicht zu großes Erbe hinterlassen zu wollen. Seiner Meinung nach verleitet die Mühelosigkeit des ererbten Wohlstands zur Sorglosigkeit.

Im Hinblick auf den Immobilienbesitz ließ sich keine eindeutige Tendenz bei den Praxis-Floatern ausmachen. Eigenheimbesitzer wiesen darauf hin, dass der Erwerb nicht in zu jungen Jahren erfolgen sollte. Dadurch könnte ein hoher Eigenkapitalanteil in die Finanzierung einfließen und die Zinsbelastung reduziert werden.

Hinsichtlich des Karrierestrebens ergab sich bei den drei älteren, berufserfahrenen Praxis-Floatern ein einheitliches Meinungsbild. Sie erklommen zunächst einige Sprossen auf der Karriereleiter, verspürten aber einen nachlassenden Aufstiegswillen, sobald sie ein bestimmtes Einkommensniveau erreicht hatten. Bei einem weiteren Karrieresprung wog das »Mehr« an Geld, das »Weniger« an Familie und Freizeit nicht auf. Ein verbissener Kampf um Positionen und Gehälter wurde daher von ihnen nie ausgefochten. Stiegen die Praxis-Floater beruflich weiter auf, geschah dies mit dem nötigen Elan, aber nicht zwanghaft und teilweise auf Anfrage der Unternehmensleitung. Ihr flexibler und frischer Arbeitsstil ist Vorgesetzten positiv aufgefallen, die Wert auf ausgeglichene und effiziente Mitarbeiter legten.

Der 37-jährige Midlife-Floater konnte bislang noch keine stabile finanzielle Position erreichen. Obwohl er das zweithöchste Einkommen der Befragten erzielte, gelang es ihm im Vergleich zu den übrigen drei Praxis-Floatern nur in geringem Maß, Ersparnisse aufzubauen. Er stuft sich selbst als genussfreudig ein. Seitdem er das Ziel des frühzeitigen Berufsausstiegs verfolgt, sind seine Konsumausgaben allerdings zurückgegangen. Dennoch erreicht er den Zwischenkapitalstand des Modell-Floaters nicht. Mit angesparten 150.000,– DM müsste sein Vermögen zu diesem Alterszeitpunkt bereits ca. 60.000,– DM höher sein. Das Eintrittsdatum zur Floating Time verschiebt sich daher zeitlich nach hinten. Voraussichtlich wird er sein Ziel mit ca. 53 Jahren erreichen. Ausschlaggebend ist dafür auch weiterhin ein begrenzter Konsumverzicht und das Aufstocken der monatlichen Sparrate.

Die Autoren wünschen dem Auslands-Floater ein abwechslungsreiches Leben, das ihm sowohl Anregung als auch Entspannung fernab von der Heimat bietet. Den 27-jährigen Youngster-Floater begleitet unser Daumendrücken, dass er einen goldenen Mittelweg zwischen überzogenem Karrieredenken und langweiligem Müßiggängertum findet. Mit dem Floating-Konzept kann er die Weichen in die richtige Richtung stellen und eine Work-Life-Balance realisieren. Für den 37-Jährigen heißt es, Kopf hoch, um die Scheidung zu überwinden. Zudem ist ihm ein glückliches Händchen bei seinen Anlage-Entscheidungen zu wünschen, um die Floating Time vielleicht doch noch mit 50 Jahren zu erreichen. Und schließlich sind wir zuversichtlich, dass der 44-jährige Midlife-Floater systematisch durch die zuvor eingeleitete Teilzeitarbeit in die neue Lebensphase eintritt. Ein Freizeit- bzw. Rentenschock wird ihm sicherlich erspart bleiben.

Die Ausführungen machen deutlich: Es gibt eine Reihe von Erfolgskriterien, die von allen vier Praxis-Floatern angewendet werden. Ihnen verbleibt aber ein weiter Handlungsspielraum, um den frühzeitigen Berufsausstieg dank eigener Vorstellungen und Lebensentwürfe zu erreichen. Das Floating-Konzept stellt kein enges Korsett dar, in dem alle Entscheidungen zwingend vorgeschrieben sind. Dies entspräche auch gar nicht dem Naturell des Floaters, der gewohnt ist, zwischen verschiedenen Lebensinhalten zu wechseln.

Alternative Wege: Sabbatical, Teilzeit und Aussteigen

Sabbatical – Ausstieg auf Zeit

Wenn die Batterien leer sind und die Anzeichen für ein Burn-out-Syndrom sich mehren, sehen Unternehmen für ihre Mitarbeiter neuerdings immer häufiger die Möglichkeit vor, einen Langzeiturlaub von drei bis zwölf Monaten in Anspruch zu nehmen. Dieses Angebot, das so genannte Sabbatical, macht für die Arbeitgeber durchaus Sinn. Sie erhoffen sich, dass die Mitarbeiter voller Energie und Tatendrang an den Arbeitsplatz zurückkehren. Zudem stellt der Langzeiturlaub ein geeignetes Instrument dar, Spitzenleute langfristig an das Unternehmen zu binden. In Anbetracht der vielen Vorteile ist es eher verwunderlich, dass gegenwärtig weniger als 10 % der Firmen Sabbaticals anbieten. In manchen Unternehmen, wie z. B. der Unternehmensberatung Roland Berger, darf es der Mitarbeiter als Auszeichnung verstehen, wenn ihm eine Auszeit angeboten wird. Ergebnis: Von rund 800 Beschäftigten ergreifen 30 pro Jahr die Chance, eine Zeit lang die Segel zu streichen.

Die Beweggründe der Mitarbeiter für ein Sabbatical liegen auf der Hand: Die ständig gleiche Tretmühle im Beruf, dieselbe Umgebung und dieselben Pflichten, die Tag für Tag den Arbeitsalltag prägen, führen zum Überdruss. Mitunter sind die Anlässe auch gar nicht betriebsbedingt, z. B. wenn der nasskalte deutsche Winter in den Berufstätigen die Sehnsucht nach Palmen, Strand und Sonne reifen lässt. Ein Langzeiturlaub, ohne das Zählen der Tage bis zum Sommerferien-Ende, ist sicherlich verlockend. Er bietet Raum zur Verwirklichung lang gehegter Wünsche. Man lernt andere Länder und Menschen kennen, bewältigt neue Herausforderungen und kehrt am Ende mit frischen Energien zurück.

Das Sabbatical unterscheidet sich in seinen Zielsetzungen deutlich vom Floating-Konzept. Der Floater beabsichtigt, die Lebensarbeitszeit auf Basis seiner finanziellen Unabhängigkeit zu begrenzen. Während der 25-jährigen Berufstätigkeit sucht und findet er eine Balance zwischen Berufs- und Familienleben und verbindet dies mit einem abwechslungsreichen Freizeitprogramm. Zu keinem Zeitpunkt verspürt er das intensiv ausgeprägte Bedürfnis des Langzeiturlaubers nach einer mittelfristigen Auszeit vom Berufsleben. Personen, die das Sabbatical anstreben, ordnen oft vieles in ihrem Leben diesem Ziel unter. Sie nehmen Überstunden in Kauf und akzeptieren eine teilweise mehrjährige Phase der Einschränkung: In finanzieller Hinsicht wie auch in Bezug auf Partnerschaft oder Kinder. Die Gefahr eines einseitigen Lebensentwurfs ist akut.

Der Floater ist dagegen stets auf eine Ausgewogenheit der verschiedenen Lebensbereiche bedacht. Er zieht es vor, im Sinne einer Work-Life-Balance ohne größere zeitliche Unterbrechungen kontinuierlich weiterzuarbeiten, um in einem absehbaren Zeitraum einen endgültigen Trennungsstrich unter seine Berufstätigkeit zu ziehen. Der Floater braucht in der Zeit bis zur Wunscherfüllung nicht alle seine Kräfte auf ein einziges Ziel zu konzentrieren. Er lebt vorher und nachher glücklich. Die Neigung des Sabbatgängers, alle Sehnsüchte auf einen Zeitraum zu projizieren, ist ihm zu einseitig; sie kann auch sehr rasch zu Enttäuschungen und Frustrationen führen. Zudem besteht die Tendenz, die mehrmonatige Auszeit mit zu vielen Aktivitäten ausfüllen zu wollen – Freizeitstress pur ist die Folge.

Weiterhin fällt der Wiedereintritt in das Berufsleben vielen Rückkehrern äußerst schwer. Jeder weiß, wie stark »Vier-Wochen-Urlauber« um Motivation ringen und in den ersten Arbeitstagen wie bleiern wirken. Um wie viel schwerer muss es einem Berufstätigen nach einem Sabbatjahr fallen, wieder Fuß zu fassen?! Ein 39-Jähriger berichtet, wie er fast ein Jahr gebraucht hat, um wieder in Tritt zu kommen. Mitunter wird dem Heimkehrer bei Amtsantritt auch bewusst, wie stark er sich gedanklich von seinen Arbeitskollegen entfernt hat. Der Sabbatgänger passt oft nicht mehr ins Gefüge der beruflichen Routine, wie ein Puzzle-Teil, das seine Form verloren hat. Auch muss sich der Langzeiturlauber über eines im Klaren sein: Niemand ist unersetzlich! So hat sich die Übergangsvertretung nicht selten perfekt eingearbeitet. Zudem werden in der Zwischenzeit eine Vielzahl von innerbetrieblichen Veränderungen stattgefunden haben, sodass den Zurückgekommenen oft ein Schock z. B. in Form von Umstrukturierungen, leistungsabhängigen Bezahlungen oder Etatkürzungen trifft. Die beruflichen Erfahrungen lassen sich ebenso auf den privaten Sektor übertragen: Passt man überhaupt noch zum daheim gebliebenen Partner bzw. ist er überhaupt noch für einen da?

Jeder, der ein Sabbatical in Erwägung zieht, sollte sich sehr intensiv mit den oben aufgeführten Problematiken auseinander setzen. Überwiegen für ihn die Vorteile bzw. duldet der Erlebnishunger keinen zeitlichen Aufschub bis zur Floating Time, empfehlen wir Ihnen, zwei grundlegende Fragen zu stellen:

- Wie überzeuge ich meinen Arbeitgeber davon, dass mein Sabbatical-Wunsch auch für ihn Vorteile bringt?
- Welche Möglichkeiten gibt es, die freie Zeit zu finanzieren?

Zur ersten Frage: Machen Sie Ihrem Chef gegenüber deutlich, dass sich eine längere Unterbrechung der Erwerbstätigkeit positiv auf Ihre Motivation und Leistungsfähigkeit auswirkt. In den Unternehmensetagen fehlen nur allzu oft frischer Wind und neue Ideen, die Sie von Ihrer Reise sicherlich mitbringen werden. Zudem sind Unternehmensleitungen durchaus dazu bereit, in einer Auftragsflaute oder zwischen zwei Projekten einen Mitarbeiter vorübergehend freizustellen.

Zur zweiten Frage: Um das Sabbatjahr zu finanzieren, wird häufig folgende Konstruktion gewählt: Der Mitarbeiter arbeitet eine Zeit lang Vollzeit, aber bei reduziertem Einkommen, das ihm auch in der anschließenden Freizeitphase weitergezahlt wird. Das Gehalt ist dann während der Gesamtlaufzeit konstant (z.B. Siemens und BMW). Während seiner Abwesenheit werden die Beiträge zur gesetzlichen Sozialversicherung als Vorschuss auf dem Gehaltskonto verbucht, in der er weiterhin Mitglied bleibt. Eine andere Regelung sieht vor, sich durch Mehrarbeit über einige Jahre und zusätzlich angesparten Urlaub einen Anspruch auf eine längere Erholungsphase zu erwerben (z.B. Hewlett Packard). Sprechen Sie mit Ihrem Arbeitgeber und sichern Sie sich vertraglich ab: Auch eine Klausel zum beruflichen Wiedereinstieg, Ihre Arbeitsplatzgarantie, ist zu berücksichtigen.

Eine andere Finanzierungsmöglichkeit hängt mit dem Floating-Konzept zusammen. Ist die Floating Time aufgrund unvorhersehbarer Ereignisse, z.B. eines Schicksalsschlags, nicht realisierbar, kann das Sabbatjahr eine akzeptable Teillösung darstellen. Die während der ersten Lebensphase angesparten Beträge ermöglichen es dem Arbeitnehmer, über einen längeren – wenn auch nicht unbegrenzten – Zeitraum seine Träume zu erfüllen und von der Arbeit Abstand zu nehmen. So gesehen hat sich das Verfolgen des Floating-Konzepts auch bei nicht 100%iger Zielerreichung gelohnt. Das Sparen in jungen Jahren eröffnet Ihnen in jedem Fall die Chance, im Alter über zusätzliche Freiräume hinsichtlich der Arbeits- und Lebensgestaltung verfügen zu können. Ebenso wie das Sabbatical kann auch die Teilzeitarbeit sowohl als Alternative zur Floating Time als auch als Partiallösung in Betracht kommen, um seine Berufstätigkeit einzuschränken.

Teilzeitarbeit – der kleine Bruder der Floating Time

Überstunden sind in vielen Betrieben mittlerweile zum festen Bestandteil des Arbeitsalltags geworden. Die Arbeitgeber erwarten häufig ein Engagement ihrer Mitarbeiter über die herkömmliche Regelarbeitszeit hinaus. So absolviert nach einer bundesweiten, repräsentativen Umfrage des nordrhein-westfälischen Arbeitsministeriums nur noch jeder siebte Beschäftigte das normale tägliche Arbeitspensum von ca. 8,25 Tagesstunden. Stattdessen arbeiten 86% inzwischen an Wochenenden, in aufreibenden Spät- oder Wechselschichten oder machen Überstunden. Durch diese hohe Beanspruchung werden Familie, Freundeskreis und möglicherweise auch die eigene Gesundheit in den Hintergrund gedrängt. Der Preis für Karriere, Macht und prall gefüllte Gehaltskonten wird nicht selten durch gescheiterte Beziehungen und Raubbau an den eigenen körperlichen Kräften teuer erkauft. Es ist daher nicht verwunderlich, dass fast jeder zehnte Vollzeitbeschäftigte auch bei einem niedrigeren Gehalt lieber auf Teilzeitarbeit umstellen würde.

Teilzeitarbeit bedeutet zum einen, die Arbeitszeit zu verringern, beispielsweise durch Halbtagsarbeit oder – wie seit 1994 bei Volkswagen eingeführt – im Rahmen einer Vier-Tage-Woche. Statt der 36-Stunden-Woche wird bei Volkswagen nur noch 28,8 Stunden wöchentlich gearbeitet, wobei die Beschäftigten auf durchschnittlich 10,5% des jährlichen Bruttogehalts verzichten. Die Einführung des Modells erfolgte, um in Zeiten von Überkapazitäten auf betriebsbedingte Kündigungen verzichten zu können. Im Pharmabereich ist vorgesehen, Arbeit und Freizeit alternieren zu lassen, d. h. jeweils im Rhythmus von zwei Wochen zu wechseln. Diese oder ähnliche Modelle werden in der Praxis durch ein so genanntes Job-Sharing umgesetzt, bei dem sich zwei Personen eine Stelle teilen. Die damit verbundenen höheren Lohnnebenkosten, so ermittelte die Unternehmensberatung McKinsey, können zumeist durch eine bis zu 20 %ige Produktivitätssteigerung ausgeglichen werden, die sich infolge der Arbeitszeitreduzierung ergibt.

Teilzeitarbeit kann weiterhin eine arbeitszeitliche Flexibilisierung beinhalten. So sollen Jahres- oder gar Lebensarbeitszeitkonten für größtmögliche individuelle Freiheit sorgen. Auch die Verlegung eines Teils der Arbeit in das »Büro zu Hause«, tageweise oder im Block, stellt sicherlich einen praktikablen Ansatz dar. Hierdurch wird es möglich, unterschiedliche Aufgaben, wie Kinderbetreuung, Hausbau, Promotion oder Reisen, mit der Arbeit zu vereinbaren. Teilweise werden auch »Schnupperteilzeiten« angeboten, die helfen sollen, Unsicherheiten bei den Mitarbeitern abzubauen.

Den Teilzeitbeschäftigten ist eines gemeinsam: Sie wünschen sich mehr Lebensqualität, ohne auf den Beruf verzichten zu wollen. Die Priorität des Arbeitslebens soll durch ein ausgewogenes Verhältnis zwischen Erwerbstätigkeit und Privatleben ersetzt werden. Die Einseitigkeit eines nur auf die Arbeit ausgerichteten Lebensentwurfs wird zunehmend auch von den Firmen kritisch betrachtet. »Nehmen Sie sich mehr Zeit«, schlägt die Veba AG ihren Beschäftigten im Rahmen einer umfassenden Teilzeitinitiative vor. Der Unternehmensleitung ist bewusst geworden, dass ein stressgeplagter, angeschlagener Mitarbeiter nicht die optimale Leistung erbringen kann. Daher gestehen sie ihren Beschäftigten durch Teilzeitarbeit mehr Flexibilität sowie Eigenverantwortung zu.

Während Teilzeitarbeit im Zuge der Frauen- und Mütterförderung mittlerweile als fester Bestandteil der Personalplanung betrachtet wird, fällt es vielen Männern innerbetrieblich schwer, ihren privaten Bedürfnissen Ausdruck zu verleihen. Nur Vollzeitarbeit wird in Erwägung gezogen und als typisch männlich eingestuft. Bis zum heutigen Tag kommen die meisten Männer gar nicht auf die Idee, ihre Regelarbeitszeit einzuschränken. Sie bleiben damit Gefangene eines Klischees.

Die Studie »Männer im Aufbruch«, die gemeinsam von den beiden großen Kirchen durchgeführt wurde, beweist jedoch, dass traditionelle Vorstellungen zunehmend aufweichen. Männer sehen den Beruf in zunehmendem Maß nicht mehr als das Nonplusultra in ihrem Leben an – Partnerschaft und Kinder rücken in den Vordergrund. Trotzdem zögern viele bis zum heutigen Tag, den Schritt in die Teilzeitarbeit zu wagen. Denn der Antrag auf Arbeitszeitverringerung wird beim männlichen Geschlecht öfter mit vermeintlicher Arbeitsunlust assoziiert als bei den weiblichen Kollegen. So gaben in einer Studie immerhin 38 % der teilzeitbeschäftigten Männer an, dass sie ernsthafte Schwierigkeiten bei der Realisation ihres Wunsches hätten. Ein leitender Angestellter, 54 Jahre alt, berichtet, wie seine Lebens- und Arbeitsorientierung von seinem Chef infrage gestellt wurde, als er einen Vorschlag zur Teilzeitarbeit unterbreitete. Wer Karriere machen will, muss sich der uneingeschränkten Verfügbarkeit des Arbeitgebers unterwerfen, lautet noch immer die gängige Devise. Von den Teilzeitbeschäftigten, deren Initiative auf Vorbehalte stieß, gaben rund drei Viertel an, dass die Einwände von der Geschäftsleitung ausgingen. 40 % stießen bei den direkten Vorgesetzten, 10 % bei Kollegen und 6 % erstaunlicherweise beim Betriebsrat auf Widerstand (Mehrfachnennungen waren möglich). Das Management als primärer Widerpart gab als Argument die Befürchtung an, dass Teilzeitmänner Unruhe in die allgemeine Arbeitsorganisation brächten. Sie sahen auch die Identifikation der anderen Mitarbeiter mit den Organisationszielen in Gefahr. Ferner wiesen sie auf zusätzlich anfallende Zeiten bei der Einarbeitung neuer Mitarbeiter hin, die auf den Schultern der anderen Beschäftigten ausgetragen würden.

Die beschriebenen innerbetrieblichen Schwierigkeiten, die häufig dazu führen, dass bei Teilzeit-Interessierten über eine Arbeitszeitverringerung nicht offen nachgedacht wird, treten beim Floating Modell nicht oder nur in abgeschwächter Form auf. Wenn der Floater mit 50 aufhört zu arbeiten, tritt ein neuer Vollzeitmitarbeiter an seine Stelle. Der ausscheidende Arbeitnehmer braucht sich nicht mit argwöhnischen – oder vielleicht auch neidischen – Kollegen direkt auseinander zu setzen, wenn er seine Absichten zuvor nur einem ausgewählten Kreis mitteilt. Ein weiterer Unterschied zum Floating besteht darin, dass Teilzeitarbeiter im Regelfall bis zum gesetzlichen Rentenalter von 65 Jahren durcharbeiten, während für den Floater fünfzehn Jahre vorher der Berufsausstieg erfolgt. Die Teilzeit lässt sich auch für einen systematischen Übergang zur Floating Time einsetzen. Dies kann zum Beispiel der Fall sein, wenn das angesparte Kapital im Alter von 50 Jahren nicht ausreicht, um die Berufstätigkeit zu beenden. Die Teilzeitarbeit kann für die erforderliche finanzielle Kompensation sorgen.

Altersteilzeit – der frühzeitige Berufsausstieg

Bei der Altersteilzeit lassen sich zwei Formen voneinander abgrenzen: die Altersteilzeit in Form von Halbtagsarbeit und die Altersteilzeit als Blockmodell.

Die Altersteilzeit in Form von Halbtagsarbeit kann dazu beitragen, einen systematischen Übergang in die Rentenzeit zu ermöglichen. Grundlegender Gedanke ist, dass der Arbeitnehmer zum Ende seines Berufslebens weniger arbeitet. Dies ist mit der positiven Folgewirkung verbunden, junge Arbeitskräfte frühzeitiger in den Arbeitsprozess zu integrieren.

Beim so genannten Blockmodell bleibt der Arbeitnehmer die erste Hälfte der Altersteilzeit voll beschäftigt und beendet im Anschluss daran seine Berufstätigkeit. In der Praxis wird fast ausschließlich dieses Modell angewendet. Die gesetzlichen Leistungen sehen wie folgt aus: Ist der Arbeitnehmer mindestens 55 Jahre alt und hat er in den letzten fünf Jahren 36 Monate Pflichtbeiträge in die Sozialkasse geleistet, zahlt der Arbeitgeber während der Gesamtzeit der vereinbarten Altersteilzeit das halbierte bisherige Bruttogehalt plus davon noch einmal mindestens 20% als Zulage. Dieser Teil bleibt steuer- und abgabenfrei. Stellt der Arbeitgeber für den Ruheständler einen Arbeitslosen oder eine Nachwuchskraft ein, die gerade ihre Ausbildung abgeschlossen hat, so erstattet das Arbeitsamt die Zulage. Zusätzlich zahlt die Firma Rentenbeiträge für 90% des Vollzeitgehalts bis zur Beitragsbemessungsgrenze von aktuell 103.200,– DM. Der Zeitraum der Altersteilzeit kann zwischen zwei und zehn Jahren liegen.

Es stellt sich die Frage, mit welchen finanziellen Einbußen ein 55-Jähriger zu rechnen hat, der zunächst zweieinhalb Jahre auf Vollzeitbasis beschäftigt ist, dann aufhört zu arbeiten, bis 60 Jahre sein Teilzeit-Gehalt weiter bezieht und im Anschluss daran Frührente erhält? Zwei Phasen sind hierbei voneinander abzugrenzen: Bis 65 erhält er 642,– DM weniger und anschließend bis zu seinem Lebensende 666,– DM geringere Zahlungen als der Normalbeschäftigte, der erst mit 65 Jahren in Rente geht. Dies ist der Preis, den er für die Einschränkung seiner Berufstätigkeit zu zahlen hat. Mitunter reduzieren sich die monatlichen Einbußen, sofern die Tarifpartner die gesetzliche Regelung aufgebessert haben.

Bei einem Vergleich zwischen dem Altersteilzeitmodell und dem Floating-Konzept werden folgende Unterschiede deutlich: Der in Altersteilzeit Beschäftigte kann frühestens mit 57 Jahren in den Ruhestand eintreten, d. h. sieben Jahre später als der Floater. Zudem sieht er sich vor die Situation gestellt, quasi auf dem Abstellgleis zu arbeiten, mit jüngeren Kollegen, die häufig die interessanteren Aufgaben wahrnehmen und ihn möglicherweise nicht mehr voll akzeptieren.

Besonders ältere Arbeitnehmer sollten sich darüber Gedanken machen, was passiert, wenn sie vor Antritt einer geplanten Altersteilzeit ihren Arbeitsplatz verlieren. Ohne den ausgefeilten Finanzplan eines Floaters müssen sie bis zum Eintritt der Frührente mit 60 von ihrem Arbeitslosengeld leben. Auch wenn sie eine neue Stelle finden sollten, ist es verständlicherweise eher unwahrscheinlich, dass man ihnen als Neueinsteiger die Altersteilzeit offeriert. Sie werden dann regulär bis 65 Jahre weiterarbeiten müssen!

Fazit: Wägen Sie die Vor- und Nachteile der Altersteilzeit genau ab. Die Freiheit der Altersteilzeit ist für jeden, der die Floating Time nicht realisieren kann, eine denkbare Alternative.

Aussteigen – die grenzenlose Freiheit?

Wem die berufliche Auszeit beim Sabbatical immer noch zu kurz ist, der kann einen anderen Weg wählen: den Ausstieg auf Lebenszeit. Ein Vorteil dieses Lebensentwurfs besteht darin, sich nicht mehr dem Diktat der Uhr bzw. einem durchgeplanten Alltag unterwerfen zu müssen. Beim Aussteigen setzt stattdessen ein komplett neuer Sinnfindungs-Prozess ein, verbunden mit einer Abkehr vom bisherigen Lebensstil.

Die Aussteiger rekrutieren sich aus verschiedenen sozialen Schichten. Die Einstellung ist entscheidender als der Gehaltszettel. Insbesondere wenn beruflich erfolgreiche Personen plötzlich beabsichtigen, in Australien Schafe zu züchten oder in Kanada die Zeit einsam in einer Holzhütte fernab von jeder Zivilisation zu verbringen, wird der Lebensumbruch besonders deutlich. Bei den Aussteigern ist dies Ausdruck ihrer Abkehr von erwerbswirtschaftichen Prinzipien. Hinzu kommt ein oft praktizierter extremer Konsumverzicht, der dazu verleitet, ausgeklügelte Finanzkonzepte in den Hintergrund treten zu lassen. Das Aussteigen birgt damit die Gefahr in sich, dass der Traum von grenzenloser Freiheit finanzielle Nachteile in Bezug auf die persönliche Absicherung nach sich ziehen kann. So lehnen es die meisten Aussteiger ab, sich intensiv Gedanken über ihre Vorsorge zu machen. Sie wollen nicht mehr mit Netz und doppeltem Boden leben, sondern frei und möglichst unabhängig von anderen. Beim Floating-Konzept ist die Gefahr, im Alter mittellos zu sein, dagegen nach menschlichem Ermessen nicht existent. Mit 50 ist die finanzielle Unabhängigkeit gewährleistet. Ob Aussteiger zu einem späteren Zeitpunkt aufgrund von monetären Engpässen in den Erwerbsprozess zurückkehren müssen, sei dahingestellt. Sicher ist, dass dies in der Praxis kaum noch möglich sein wird. Die zunehmende Dynamisierung in der Wirtschaft, die schnelle Veralterung der Qualifikationen sowie das Misstrauen der Arbeitgeber legen die Vermutung nahe, dass der Abschied von der Leistungsgesellschaft unwiderruflich ist.

Ein weiterer Unterschied zwischen den Lebenskonzepten besteht im Hinblick auf die soziale Ausrichtung. Statt sich wie ein Aussteiger von der Gesellschaft abzuwenden, engagieren sich viele Floater z. B. in gemeinnützigen Organisationen. Ihr Konzept steht auch im Einklang mit anderen gesamtgesellschaftlichen Interessen. So entlasten die Floater durch ihr frühes Ausscheiden aus dem Berufsleben den Arbeitsmarkt und stellen aufgrund ihres konsequenten Sparverhaltens die finanziellen Mittel für Investitionen in der Wirtschaft bereit.

Die Entscheidung des Aussteigers ist nicht selten auf einen gewissen Grad an Resignation bis hin zur Verweigerung zurückzuführen. Mit dem Begriff Aussteigen ist moderat formuliert, was häufig einzig und allein ein »Hinschmeißen« ist: Der Kündigung, die man dem Chef vor die Füße geknallt hat, folgt die große Leere im Kopf; es fehlt die Perspektive. Der Floater ist dagegen ein beruflich durchaus erfolgreicher und motivierter Mitarbeiter, der neben der regelmäßigen beruflichen Tätigkeit genauso konzentriert an seiner privaten Selbstverwirklichung arbeitet. Ein Floater verfügt zudem auch über ein eigenes Wertesystem in Bezug auf Leistung, Erfolg und Zufriedenheit, welches bei vielen Menschen im gegenwärtigen Berufsleben nicht mehr anzutreffen ist. Nicht Frustration und Erschöpfung veranlassen den Floater, über den vorzeitigen Berufsausstieg nachzudenken, sondern die innere Überzeugung und langfristig festgelegte Wünsche. Auch der Zeitpunkt der Floating Time ist genau geplant, im Gegensatz zum Aussteigen, das häufig Folge eines konkreten Anlasses bzw. jäh auftretenden Ereignisses ist. Dieses spontane Moment beim Aussteigen ist kritisch zu beurteilen, da die Gefahr einer Fehleinschätzung der gesamten Lebenssituation steigt – mit gravierenden Folgen für die weitere finanzielle Existenz.

Viele reizt jedoch das oben beschriebene Risiko. Aussteiger suchen etwas völlig Neues und sind dafür bereit, vieles auf das Spiel zu setzen. Hinzu kommt die relativ leichte Umsetzbarkeit: Ein Aussteigen ist zu jedem Lebenszeitpunkt möglich. Betrachtet man insgesamt die Vor- und Nachteile, so gilt auch im Hinblick auf das Aussteigen: Ihre Mentalität und Ihre Möglichkeiten entscheiden, welcher Weg für Sie der richtige ist.

Schlussbetrachtung

Die im vorangegangenen Kapitel aufgeführten Alternativen zur Floating Time verdeutlichten, dass Ihnen ein weites Spektrum an Möglichkeiten zur Verfügung steht, um Ihre Berufstätigkeit einzuschränken. Das Floating-Konzept erwies sich in vielen Situationen als ideale Lösung, um Bedürfnisse in verschiedenen Bereichen befriedigen zu können. Innerhalb des Arbeitsbereichs ging es darum, nicht zu einseitig seinen Beruf in den Vordergrund zu stellen, sondern im Sinne einer Work-Life-Balance familiäre und freizeitorientierte Interessen zu harmonisieren. Im Sinne dieser Floating-bezogenen Zielsetzung ist es empfehlenswert, auf Karrierespitzen bzw. auf Gehaltserhöhungen zu verzichten, um mit anderen Dingen im Leben »reich« werden zu können.

Die Ausführungen innerhalb des Sozialbereichs zeigten auf, dass der Floater im Einklang mit gesellschaftlichen Interessen handelt. Er trägt dazu bei, jungen Menschen den Berufseinstieg zu erleichtern und für sie die weiteren beruflichen Perspektiven zu verbessern. Weiterhin hat er in der berufsfreien Zeit ab 50 die Möglichkeit, Spendenorganisationen und andere soziale Institutionen durch direkten, persönlichen Einsatz zu unterstützen. Zudem werden ihm die Unternehmen, z. B. am Neuen Markt, für die finanziellen Mittel danken, die er als konsequenter Sparer bereitstellt. Sie ermöglichen zukunftsweisende Investitionen und führen zur Schaffung neuer Arbeitsplätze.

Einen weiteren wichtigen Punkt stellte das konsequente Sparverhalten des Floaters dar, welches sich u. a. darin äußert, oberflächliche Statusausgaben zu vermeiden. Die inhaltsleere Status-Demonstration steht im krassen Gegensatz zu vielen Grundsätzen des Floating-Konzepts. Viel wichtiger sind die inneren Werte und Einstellungen, die ein stabiles Wertgerüst zur Folge haben. Unser Tipp: Gehören Sie zum Personenkreis, der sich aufgrund des eigenen Selbstbewusstseins den Verzicht auf Statussymbole »leisten« kann. Betrachtet man darüber hinaus die kompletten Verbrauchsausgaben, ist beruhigend festzustellen, dass nur ein begrenzter Konsumverzicht erforderlich ist, um sein Ziel mit einem durchschnittlichen Einkommen zu erreichen. Zutreffend für die Situation des Floaters ist das Bild des gebremsten oder kontrollierten Lebemenschen, der genießend konsumiert, aber auch gewillt ist, Kosteneinsparpotenziale aufzudecken. Das Hauptaugenmerk ist dabei auf die finanziellen Kraftakte im Immobilienbereich und beim Fahrzeugkauf zu richten. Da wir uns zweifelsohne in einer Wohlstandsgesellschaft befinden, ist von einer Reihe weiterer, möglicher Ausgabekürzungen auszugehen, ohne die Lebensqualität nennenswert einschränken zu müssen.

Am besten ist, in jungen Jahren mit der Aktivierung der Einsparpotenziale anzufangen. 25-Jährigen wird dies natürlich schwerer fallen als Älteren, zumal die Ausgaben für den Aufbau einer Existenz noch zu bewältigen sind und die Konsumfreudigkeit überdurchschnittlich hoch ausgeprägt ist. Eines sollte man sich allerdings vor Augen führen: Das frühzeitige Sparen ist das effektivste Sparen, da sich die Zinseszinseffekte im Laufe der Zeit geometrisch auftürmen. Es bleibt daher für die jungen Floater zu hoffen, dass sie aufgrund des faszinierenden Floating-Ausblicks möglichst bald, vielleicht mit Ende zwanzig, in das Konzept einsteigen. Weitaus wichtiger als ein hohes Einkommen wird dabei die Fähigkeit sein, Ausgaben zu kürzen und zu sparen.

Auch für ältere Personen, die als 35- oder 40-Jährige den Einstieg wählen, steht das Tor zur Floating Time weit offen. Ein gewisser Sockelbetrag sollte allerdings als Sparleistung vorhanden sein. Ist dieser nicht groß genug, wird sich die Zielerreichung im schlechtesten Fall um einige Jahre zeitlich nach hinten verzögern. Dank des Floating-Konzepts kann der Berufsausstieg aber immer noch weitaus früher als bei den Alterskollegen eingeleitet werden, z. B. mit 53 Jahren. Die Ausführungen machten eines deutlich: Letztendlich bestimmen Sie selbst, zu welchem Zeitpunkt Sie Ihre Berufstätigkeit beenden.

Mit dem Floating-Konzept sind Sie darüber hinaus auf die zukünftigen Entwicklungen und Wechselfälle des Lebens gut vorbereitet. So befinden Sie sich aufgrund Ihrer verschiedenen Interessenslagen und Betätigungsfelder in einer stabilen psychologischen Situation, um Krisen in einem Bereich durch andere Lebensinhalte kompensieren zu können. Der eindimensionale Hochleistungs-Manager, Computerfreak oder Extrem-Sabbatgänger ist viel anfälliger, aus der Bahn geworfen zu werden, wenn sein dominierender Lebensmittelpunkt in Schieflage gerät. Ferner sind Sie auf die zukünftige Arbeitswelt gut vorbereitet. Wenn sich die beruflichen Anforderungen in den nächsten Jahren in Richtung Projektarbeit, Telearbeit oder Eigenständigkeit verändern, werden Sie als Floater die geringsten

Umstellungsschwierigkeiten im Vergleich zu anderen haben. Und auch einem Freizeitschock haben Sie vorgebeugt. Mit Ihren vielseitigen Hobbys, welche Sie bereits in jungen Jahren initiierten und kontinuierlich in der arbeitsfreien Zeit weiter ausbauten, schaffen Sie die besten Voraussetzungen, um einen Freizeit- bzw. Rentenschock zu vermeiden. Als Floater wissen Sie genau, mit welchen Inhalten Sie die berufsfreie Zeit sinnvoll verbringen können.

Einen Schwerpunkt des Buches bildeten die Ausführungen zum zielkonformen Finanzverhalten. Es wurde seitens der Autoren Wert darauf gelegt, Ihnen keine risikoreichen Anlageformen zu empfehlen. Vielmehr ist Ihnen eine Strategie vorgestellt worden, die in langfristiger Perspektive äußerst erfolgversprechend ist. Aus dem durchgeführten Eignungstest gingen die Aktienfonds mit einer durchschnittlichen Rendite von 10% und einem günstigen Chancen-Risiko-Verhältnis als Sieger hervor. Das dafür erforderliche Maß an Risikobereitschaft – nicht mehr und nicht weniger – gewährleistet es, in 25 Jahren bei einer monatlichen Sparrate von 900,– DM die finanzielle Unabhängigkeit zu erzielen. Fortan können Sie überwiegend von den Zinsen des Ersparten leben. Sie haben Ihren »Vorruhestand« aus eigener Kraft realisiert und können in den vielen Jahren, die Ihnen verbleiben, die Freiheit ausgiebig genießen.

Hiermit enden die Ausführungen, die Ihnen hoffentlich den einen oder anderen neuen Denkansatz vermitteln konnten. Sie wählen jetzt Ihren eigenen Weg. Die Autoren begleiten Sie mit dem Wunsch, dass Ihnen die Balance zwischen Freizeit, Beruf und Familie gelingt und Sie das individuell Wünschenswerte mit dem finanziell Machbaren und dem gesellschaftlich Vorteilhaften verbinden können. Ganz im Sinne des Mottos: »Let your life float!«

Modell-Haushaltsrechnung für eine Familie

1. Phase: Die Zeit der Berufstätigkeit von 25 bis 50 Jahre

Alle Angaben verstehen sich als Kaufkraftwerte (real).

Einnahmen pro Monat

	in DM	in Euro
Erster Einkommensbezieher (netto)	3950,00	2019,60
Zweiter Einkommensbezieher (netto)	1950,00	997,02
Urlaubsgeld, Erfolgsbeteiligung, Tantieme	540,00	276,10
Sonstige Einnahmen (Einkünfte aus selbstständiger Arbeit, Untervermietung, Nebenberufl., EST-Erkl.)	430,00	219,86
Unterhalt	0,00	0,00
Gesamteinnahmen	7410,00	3788,67

Hinweis: Ehepaare/Paare ohne Kinder streichen die Einnahmeposition »Kindergeld« und die Ausgabeposition »zwei Kinder Zusatzausgaben«.

Ausgaben pro Monat

	in DM	in Euro
Lebensmittel, Nahrung/Trinken	900,00	460,16
Wohnen (Miete, Energie, Tel., Fax)	1500,00	766,94
Freizeit, Kultur, Hobby, Soziales	280,00	143,16
zwei Kinder Zusatzausgaben	1350,00	690,24
Bekleidung, Textilien	400,00	204,52
Kfz (Steuern, Benzin, Versicherung)	550,00	281,21
Reisen/Touristik	390,00	199,40
Privatdarlehen	95,00	48,57
Haushaltsgeräte, Mobiliar	400,00	204,52
Versicherungen (außer Kfz)	250,00	127,82
Unterhaltszahlungen	0,00	0,00
sonst. (Körperpflege etc.)	180,00	92,03
Gesamtausgaben	6295,00	3218,58

Einnahmenüberschuss:	1115,00	570,09
davon monatlicher Sparbetrag inkl. bereits vorhandener Sparleistungen (VWL, Kapitallebensversicherungen, Tilgung Baufinanz. etc.)	900,00	460,16
davon Sicherheitsreserve	215,00	109,93

2. Phase: Die neue Lebensphase (Floating Time) von 50 bis 65 Jahre

Alle Angaben verstehen sich als Kaufkraftwerte (real).

Einnahmen pro Monat

	in DM	in Euro
Erster Einkommens-bezieher (netto)	0,00	0,00
Zweiter Einkommens-bezieher (netto)	680,00	347,68
Urlaubsgeld, Erfolgs-beteiligung, Tantieme	100,00	51,13
Kindergeld für zwei Kinder	0,00	0,00
Sonstige Einnahmen (Einkünfte aus selbst-ständiger Arbeit, Untervermietung, Nebenberufl., EST-Erkl.)	770,00	393,69
Kapitalentnahmen	4200,00	2147,43
Unterhalt	0,00	0,00
Gesamteinnahmen	5750,00	2939,93

Ausgaben pro Monat

	in DM	in Euro
Lebensmittel, Nahrung/Trinken	900,00	460,16
Wohnen (Miete, Energie, Tel., Fax)	1500,00	766,94
Freizeit, Kultur, Hobby, Soziales	380,00	194,29
Geschenke an Kinder	100,00	51,13
Bekleidung, Textilien	400,00	204,52
Kfz (Steuern, Benzin, Versicherung)	450,00	230,08
Reisen/Touristik	500,00	255,65
Haushaltsgeräte, Mobiliar	400,00	204,52
Versicherungen (außer Kfz)	150,00	76,69
Unterhaltszahlungen	0,00	0,00
Freiwillige Kranken-versicherung	600,00	306,78
sonst. (Körperpflege etc.)	180,00	92,03
Gesamtausgaben	5560,00	2842,79

Einnahmenüberschuss:	190,00	97,15
davon monatlicher Sparbetrag	0,00	0,00
davon Sicherheitsreserve	190,00	97,15

3. Phase: Die Zeit als Rentner ab 65 Jahre

Alle Angaben verstehen sich als Kaufkraftwerte (real).

Einnahmen pro Monat

	in DM	in Euro
Erster Einkommensbezieher (netto)	0,00	0,00
Zweiter Einkommensbezieher (netto)	0,00	0,00
Urlaubsgeld, Erfolgsbeteiligung, Tantieme	0,00	0,00
Kindergeld für zwei Kinder	0,00	0,00
Sonstige Einnahmen (Einkünfte aus selbstständiger Arbeit, Untervermietung, Nebenberufl., EST-Erkl.)	300,00	153,39
Kapitalentnahmen	4200,00	2147,43
Erste Altersrente	1450,00	741,37
Zweite Altersrente	650,00	332,34
Erste Betriebsrente	235,00	120,15
Zweite Betriebsrente	0,00	0,00
Unterhalt	0,00	0,00
Gesamteinnahmen	6835,00	3494,68

Ausgaben pro Monat

	in DM	in Euro
Lebensmittel, Nahrung/Trinken	900,00	460,16
Wohnen (Miete, Energie, Tel., Fax)	1500,00	766,94
Freizeit, Kultur, Hobby, Soziales	380,00	194,29
Geschenke an Kinder	200,00	102,26
Bekleidung, Textilien	400,00	204,52
Kfz (Steuern, Benzin, Versicherung)	450,00	230,08
Reisen/Touristik	500,00	255,65
Haushaltsgeräte, Mobiliar	400,00	204,52
Versicherungen (außer Kfz)	150,00	76,69
Unterhaltszahlungen	0,00	0,00
Freiwillige Krankenversicherung	750,00	383,47
sonst. (Körperpflege etc.)	180,00	92,03
Gesamtausgaben	5810,00	2970,61

Einnahmenüberschuss:	**1025,00**	**524,07**
davon monatlicher Sparbetrag	0,00	0,00
davon Sicherheitsreserve	1025,00	524,07

Modell-Haushaltsrechnung für einen Single

1. Phase: Die Zeit der Berufstätigkeit von 25 bis 50 Jahre

Alle Angaben verstehen sich als Kaufkraftwerte (real).

Einnahmen pro Monat

	in DM	in Euro
Einkommen (netto)	3950,00	2019,60
Urlaubsgeld, Erfolgsbeteiligung, Tantieme	540,00	276,10
Sonstige Einnahmen (Einkünfte aus selbstständiger Arbeit, Untervermietung, Nebenberufl., EST-Erkl.)	430,00	219,86
Unterhalt	0,00	0,00
Gesamteinnahmen	4920,00	2515,56

Ausgaben pro Monat

	in DM	in Euro
Lebensmittel, Nahrung/Trinken	550,00	281,21
Wohnen (Miete, Energie, Tel., Fax)	1200,00	613,55
Freizeit, Kultur, Hobby, Soziales	170,00	86,92
Geschenke an Kinder	100,00	51,13
Bekleidung, Textilien	280,00	143,16
Kfz (Steuern, Benzin, Versicherung)	550,00	281,21
Reisen/Touristik	220,00	112,48
Privatdarlehen	95,00	48,57
Haushaltsgeräte, Mobiliar	320,00	163,61
Versicherungen (außer Kfz)	190,00	97,15
Unterhaltszahlungen	0,00	0,00
sonst. (Körperpflege etc.)	120,00	61,36
Gesamtausgaben	3795,00	1940,35

Einnahmenüberschuss:	**1125,00**	**575,20**
davon monatlicher Sparbetrag	900,00	460,16
inkl. bereits vorhandener Sparleistungen (VWL, Kapitallebensversicherungen, Tilgung Baufinanz. etc.)		
davon Sicherheitsreserve	225,00	115,04

2. Phase: Die neue Lebensphase (Floating Time) von 50 bis 65 Jahre

Alle Angaben verstehen sich als Kaufkraftwerte (real).

Einnahmen pro Monat

	in DM	in Euro
Einkommen (netto)	0,00	0,00
Urlaubsgeld, Erfolgsbeteiligung, Tantieme	0,00	0,00
Sonstige Einnahmen (Einkünfte aus selbstständiger Arbeit, Untervermietung, Nebenberufl., EST-Erkl.)	490,00	250,53
Kapitalentnahmen	4200,00	2147,43
Unterhalt	0,00	0,00
Gesamteinnahmen	4690,00	2397,96

Ausgaben pro Monat

	in DM	in Euro
Lebensmittel, Nahrung/Trinken	550,00	281,21
Wohnen (Miete, Energie, Tel., Fax)	1200,00	613,55
Freizeit, Kultur, Hobby, Soziales	230,00	117,60
Geschenke an Kinder	100,00	51,13
Bekleidung, Textilien	280,00	143,16
Kfz (Steuern, Benzin, Versicherung)	450,00	230,08
Reisen/Touristik	280,00	143,16
Haushaltsgeräte, Mobiliar	320,00	163,61
Versicherungen (außer Kfz)	120,00	61,36
Unterhaltszahlungen	0,00	0,00
Freiwillige Krankenversicherung	600,00	306,78
sonst. (Körperpflege etc.)	120,00	61,36
Gesamtausgaben	4250,00	2172,99

Einnahmenüberschuss:	440,00	224,97
davon monatlicher Sparbetrag	0,00	0,00
davon Sicherheitsreserve	440,00	224,97

3. Phase: Die Zeit als Rentner ab 65 Jahre

Alle Angaben verstehen sich als Kaufkraftwerte (real).

Einnahmen pro Monat

	in DM	in Euro
Einkommen (netto)	0,00	0,00
Urlaubsgeld, Erfolgsbeteiligung, Tantieme	0,00	0,00
Sonstige Einnahmen (Einkünfte aus selbstständiger Arbeit, Untervermietung, Nebenberufl., EST-Erkl.)	200,00	102,26
Kapitalentnahmen	4200,00	2147,43
Altersrente	1450,00	741,37
Betriebsrente	235,00	120,15
Unterhalt	0,00	0,00
Gesamteinnahmen	6085,00	3111,21

Ausgaben pro Monat

	in DM	in Euro
Lebensmittel, Nahrung/Trinken	550,00	281,21
Wohnen (Miete, Energie, Tel., Fax)	1200,00	613,55
Freizeit, Kultur, Hobby, Soziales	230,00	117,60
Geschenke an Kinder	200,00	102,26
Bekleidung, Textilien	400,00	204,52
Kfz (Steuern, Benzin, Versicherung)	450,00	230,08
Reisen/Touristik	280,00	143,16
Haushaltsgeräte, Mobiliar	320,00	163,61
Versicherungen (außer Kfz)	120,00	61,36
Unterhaltszahlungen	0,00	0,00
Freiwillige Krankenversicherung	750,00	383,47
sonst. (Körperpflege etc.)	180,00	92,03
Gesamtausgaben	4680,00	2392,85

Einnahmenüberschuss:	**1405,00**	718,37
davon monatlicher Sparbetrag	0,00	0,00
davon Sicherheitsreserve	1405,00	718,37

Peter Nemec (Hrsg.)

3sat**Börse**

Die besten Anlagetips für Ihr Geld

Als 3satBörse vor zehn Jahren erstmals auf Sendung ging, suchte man den DAX noch vorrangig im Zoo und hielt den Nikkei bestenfalls für ein japanisches Reisgericht.

New York, Frankfurt, Tokio – an den Aktienmärkten rund um die Welt wird heutzutage das große Geld verdient. Doch für viele ist das, was sich auf dem Börsenparkett abspielt, ein unverständliches Chaos.

Dieses Buch des 3satBörse-Teams macht das Aktiengeschäft transparent und bietet Einsteigern fundierte Hintergrundinformationen und professionelle Tipps. Die Grundregeln der Aktienmärkte werden genauso eingehend erläutert wie die besten Anlageformen und zukunftsträchtige Investitionsfelder. Sie erfahren alles über bewährte Gewinnstrategien sowie über mögliche Risiken. Unternehmen werden unter die Lupe genommen und Tricks genannt, wie man eine gute Aktie erkennt. Damit können Sie langfristig mehr aus Ihrem Geld machen, kurzfristig einen Gewinn erzielen oder sich ein komfortables Polster für das Alter schaffen.

Expertenwissen für Jedermann, damit Sie in Zukunft Ihre Chancen an der Börse selber einschätzen können.

vgs verlagsgesellschaft

Peter Nemec (Hrsg.)

3satBörse

Die besten Geldideen

»Die besten Geldideen« – ein gewaltiger Anspruch, so scheint es. Nicht jedoch für das 3satBörse-Team. Denn schon allein mit den richtigen Geldideen kann heutzutage jeder – ohne Gehaltserhöhung – am Monatsende mehr in der Brieftasche haben. Wann haben Sie denn beispielsweise dem Fiskus zum letzten Mal ein Schnäppchen geschlagen. Geld von Vater Staat erhalten oder sind zu einem Spottpreis um die halbe Welt gereist? Das alles ist möglich – wir verraten Ihnen wie!

Die ganze Welt für wenig Geld

- lukrative Sparpläne
- Anlage-Highlights
- kostenlose Steuerberatung

... und wie der Luxus zum Schnäppchen wird

- Autos zum Spartarif
- clevere Baufinanzierung
- viel Urlaub für wenig Geld

Expertenwissen für Jedermann, damit Sie in Zukunft mit den richtigen Geldideen ordentlich Kasse machen können.

vgs verlagsgesellschaft

Anke Richter

Aussteigen auf Zeit

Das Sabbatical Handbuch

Sabbatical – Sabbatjahr: Urlaub vom Job für mehrere Monate oder ein Jahr

Immer mehr nutzen eine solche Auszeit – reisen um die Welt, legen einen Garten an oder verwirklichen einen Traum. Ein neues Gesetz unterstützt es, Unternehmensberater empfehlen es, und immer mehr Arbeitgeber machen ein Sabbatical möglich, denn die Aussteiger auf Zeit kehren mit neuen Impulsen und Ideen, mit mehr Energie und Motivation zurück.

In diesem Buch erfahren Sie alles, was Sie zur Vorbereitung und Durchführung eines Sabbaticals wissen müssen, zum Beispiel:

- Wieviel Geld brauche ich?
- Wie bereite ich den Chef und die Kollegen vor?
- Was ist mit meinen Versicherungen?
- Was mache ich mit meiner Wohnung, meinem Auto, meinem Telefon?
- Wie kann ich wieder ins normale Leben einsteigen?

Dieses Sabbatical-Handbuch mit Erfahrungsberichten von zaghaften Neulingen und überzeugten »Wiederholungstätern« ist der praktische Ratgeber für alle, die dringend weg wollen – und ein Buch zum Träumen für die, die sich noch nicht ganz trauen.

vgs verlagsgesellschaft